五分钟读懂一幅书法作品

王文英◎著

文化艺术出版社
Culture and Art Publishing House

目录

导语

中国有着五千年璀璨的文明，在这博大精深的历史长河中，中国的书法艺术以其独特的艺术形式和艺术语言，吸引着越来越多的外国人。

中国的书法艺术不同于其他艺术，不能以纯艺术的形式来框量和理解，它是文化的艺术，是艺术中的文化，从它身上折射的是中国人特有的人文理想和人文精神。

中国文字起源很早，从汉末魏晋时期，文字在单纯实用书写之外又被当做一种审美对象而追求艺术性至今，书法艺术经历了一千多年的历史，经历了多次的发展高峰，涌现出许许多多杰出的书法家，各体竞妍，流派纷呈，创作了无以数计的书法作品。这些杰出的书法家及其书法作品不仅是华夏民族珍贵的文化遗产，而且也是全人类珍贵的文化遗产。

《五分钟读懂一件书法作品》选择的是中国书法史上各个时期有代表性的书法家的代表作品，不包括秦汉刻石、汉魏碑版及造像等碑版书法。收录了从汉末被尊称为"草圣"的张芝《冠军帖》到近现代的书画名家吴昌硕的《临石鼓文轴》，共计48位名家的57件名作。囊括了中国书法的楷书、草书、行书、隶书、篆书五种字体。读者通过这些名家名作的欣赏和解读，可以对中国书法史及书法风貌有一个比较清晰的了解。

《五分钟读懂一件书法作品》是沿着中国书法史的发展脉络来编排的，虽然书中对一些相关的常识概念作了必要的解读和注解，但为了方便读者能更好地欣赏和理解书中所选的书家作品，有必要再对一些相关的知识进行一下梳理和简单地说明。

首先，书中因篇章的需要虽然涉猎了一些中国书法史的常识，但却不系统，也不全面，在这里有必要对中国书法史及文字发展史作一简单介绍，这对我们欣赏书中的书法作品会有所帮助。

中国书法中的五种字体的产生和发展并不像人们普遍想象的那样：楷生行、行生草，而是有着复杂的发展演变过程。

中国的文字属于表意文字，起源于象形文字，目前所能看到的最早的文字是殷商时期的甲骨文（因其是用刀刻于龟甲和兽骨上的文字而得名），结体简洁，线条硬朗。商周时期所能见到的文字，是铸刻于青铜器上的铭文——金文，也称钟鼎文，属于古文大篆体系，结字较甲骨文复杂，结体匀称，线条圆润，富有装饰性和表现性。

春秋战国时期，各个诸侯国都有自己通行的文字，除秦国以外的六国文字统称为古文。秦统一六国后，为实现中央集权，废除了东方六国的古文，统一文字为秦篆，即小篆，简化和规范了文字。小篆笔画圆润流畅，结构严谨工整。秦朝文字除小篆外，还有秦昭版和秦简文字。秦昭版是秦始皇统一六国兼并天下，立号为帝时“统一法度衡石丈尺”的诏书，因其刻在衡器上的铜版中，所以称为秦昭版，它比小篆有了方折的笔画。秦简是秦代更为实用的字体，半篆半隶，有些曲线趋于简化而为直线，是篆书向隶书发展过渡过程中的文字。

汉末魏晋之际是中国书法史上重要的时期，不仅书法的楷、行、草、隶、篆五体发展齐备，出现了我国最早的书法家群体，而且产生了我国最早的书法理论著作，书法开始从实用走向艺术追求。汉代以隶书应用最为普遍，为通行的字体。隶书改变了篆书的圆转曲线为方折的笔画，去文字的象形而为笔画化。这时的草书多为章草，是下层官吏在长期的实用过程中形成发展起来的，是由隶书的省便简化而来，保留了隶书的笔意。

汉末草书由章草发展到今草，由章草字字独立的形态，成为连绵不断、气脉贯通的今草形态，由实用性开始向艺术性转化，到唐代达到高峰，出现了像张旭、怀素这样杰出的草书大家，影响一直延续至今。而章草自汉代形成，历魏晋南北朝而日渐衰微。

魏晋时期是中国书法史上第一个发展高峰。书法作为一种独立的艺术形式，进入自觉的发展阶段，向着多体荟萃、风格竞美的方向发展。通过钟繇、王羲之等一大批书法家的艺术实践完成了由隶而楷、行、草书的过渡，并将楷、行、草书的发展推向了一个新的水平和境界，开创了“尚韵”的书法美学风尚。

南北朝时期，与南朝“尚韵”书法相对应的还有北朝书法。北朝书法主要为浑朴雄劲的碑版楷书书法。北碑中最具代表性的是北魏碑版（鲜卑部落拓跋魏建立的魏王朝，统一了北方，形成与江南宋对峙之势，魏王朝称为北魏，也称后魏），书法史上习惯将北朝的碑版称为魏碑。魏碑楷书和以后的唐楷是书法史上楷书的两大体系。魏碑从审美上与南方的简札书法的典雅秀美，构成了南北朝时期书法艺术的两大派别。

魏碑书法特点突出，风格鲜明，用笔提按幅度大，大起大落；因为石刻的缘故，线条出锋露角，内圆外方；结字自然而有天趣，奇险放纵。

唐朝是中国书法史上第二个发展高峰，书法以“尚法”为追求，得到了空前的发展，形成名家辈出、诸体发展的局面。楷、行、草书发展成熟，名家迭出，篆书、隶书也从停顿有了新的发展。楷书发展到了极致，唐代楷书成为楷书典范，涌现出书法大家欧阳询、虞世南、褚遂良、颜真卿、柳公权。

宋朝书法以“尚意”求趣为追求，出现了苏东坡、黄庭坚、米芾、蔡襄“宋四家”，以行书成就最高。

元、明、清三代，在前代书法家奠定的基础上，经由几代书家的努力，书法艺术风格呈多元化发展，帖学碑学共同发展，交相辉映，名家辈出。

其次，中国书法的字体共有五种，即篆书、隶书、草书、楷书和行书，它们之间不仅结构不同，书写方式不同，而且表现形式也不同。

其中楷书是现行通用的字体，应用普遍，易识易学，是学好行书和草书的基础。

行书是在楷书的基础上，稍加速度和笔画映带的书体，是介于楷书和草书之间的一种字体，既不像楷书那样一笔一画规矩方正，也不像草书那样连绵变化。书写方便，易识流美，是实用性与欣赏性兼备的书体。行书的运笔使转流动，点画呼应，节奏比楷书快，比草书慢，从容中道，不疾不徐，不拘不纵。

草书则是在行书的基础上流动起来，笔画映带、线条连绵的书体，比行书线条更加简省、流动、放纵。在书写中，速度比行书更快，起伏变化更多，呈现出的美感更为丰富多彩，更富艺术的表现力和感染力，是最能抒发人的性情的一种字体。

隶书的结字一般呈扁方形，笔画波磔分明，有蚕头燕尾，章法上横成行、纵为列。

篆书分为大篆和小篆。大篆也称籀书，从大的范围来说，有金文（也称钟鼎文或古文）、石鼓文以及六国古文。结构匀称，线条圆浑，章法多错落，古朴生姿。小篆也称秦篆，结体呈纵势长方形，上紧下松，左右对称均衡；线条圆转粗细均匀，运笔中锋，起止藏锋回锋，章法严谨平整。

再次，书法艺术的发展离不开书学理论的支持，从汉魏六朝时期中国出现专门的书论至今，书法艺术理论早已发展成完备的理论体系，与中国的哲学美学一脉相承。中国书法的评价首重气韵、格调和神采，而后技法，故前人常以神品、妙品、能品来评价和划分书家作品。这也是中国书法艺术与西方艺术最大的区别之处。

此外，书中57篇文章篇篇独立，又相互关联。考虑到书的整体性，其中的一些相关的注释和说明，在前面文章中出现过，为简洁起见后面的文章中就没有再重复，所以读者若选择性地来阅读文章，可参阅前文的注释和说明。

“草圣”张芝的草书

——纵横连绵的《冠军帖》

《冠军帖》，汉代杰出的书法家张芝书。刻本，六行，共三十二个字。刊于宋代的《淳化阁帖》、《中国书法鉴赏大辞典》(上)。

我们今天看到的草书称为今草，是由章草①发展而来的。章草字字独立，今草则连绵起伏，气脉贯通。

张芝，生卒年不详，字伯英，敦煌渊泉(今甘肃敦煌)人。是东汉时期杰出的草书大家。据唐代张怀瓘②《书断》记载，张芝学习书法非常刻苦，“凡家之衣帛，必先书而后练之。临池学书，池水尽墨。”

今草相传是由张芝奠定的。张怀瓘《书断》中说：“(张芝)学崔(瑗)、杜(度)③之法，因而变之，以成今草。”张芝的草书省减章草的点画波磔，改变了章草的字字独立和古拙厚实的面貌，而成为纵横连绵、潇洒奔放、气脉贯通的今草形态。张芝这种纵横连绵的草书被后世形象地称之为“一笔书”。草书艺术发展到张芝，可以说已经由实用性开始向艺术性转化，因而他被后世尊称为“草圣”。

今草自汉晋以来日益发展，到唐代达到高峰，出现了像张旭、怀素④这样杰出的草书大家，影响一直延续至今。而章草自汉代形成，历魏晋南北朝而日

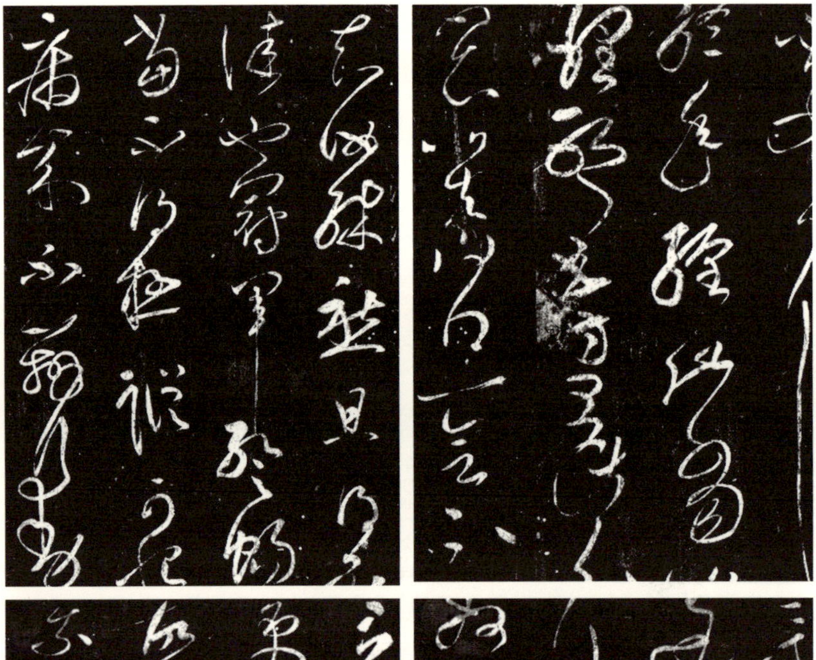

《冠军帖》

渐衰微。

东晋杰出的书法家、书圣王羲之称赞张芝的草书："草之书，字字区别，张芝变为流水速，拔茅连茹，上下牵连，或借上字之下而为下字之上，奇形离合，数意兼包，若悬猿饮涧之象，钩锁连环之状，神化自若，变态无穷。"古人论书，常将书家书法分为神品、妙品、能品，张芝的草书被王羲之列为神品，隶书列为妙品。

《冠军帖》是我们现在所能见到的张芝草书的代表作，遗憾的是张芝没有墨迹留传。《冠军帖》虽然是刻帖，但其纵横的气势、疾驰的运笔、起止无迹而又流畅的线条，一如墨迹。南朝的羊欣在《采古来能书人名》中说张芝"善草书，精劲绝伦"。由《冠军帖》正可以体会羊欣的评价。字与字之间勾连紧密，线条逶迤连绵、舒展自如而流畅通达，气脉贯注而一气呵成，笔法精熟而浑然天成。《冠军帖》飘逸空灵，洒脱奔放，神采飞扬，充分体现了中国书法抒情写意的浪漫特质。

由张芝的《冠军帖》，我们可以体会"一笔书"的魅力和神采。但至今让后世书家为之生奇而不解的是，生活在汉代的张芝，为何能在中规中矩的隶书、章草盛行的文化背景下，创造出如此鲜活灵动而富于浪漫色彩的"一笔书"。虽然当时在汉代简牍⑤中已有脱尽隶意的草法出现，但这与《冠军帖》的今草形态却相去甚远。以至有人怀疑张芝的存在，但随着近年敦煌新整理出的汉魏间的墨迹有类似张芝《冠军帖》者，人们愈加坚信这不是个传说。

现留传的张芝作品都不是真迹，均为唐人摹刻本。除《冠军帖》外，还有《秋凉帖》等。

注释：

①章草，今草的前身，源于汉代的通行文字隶书，因隶书的简易省便发展而来。章草字字独立，点画波磔，古拙厚实。

②张怀瓘，生卒年不详。唐代著名书法理论家，是把中唐以前的书家、书史、书论、技法等进行综合性著述的第一人，其著作在中国书法史上影响深远。后世学习或评析中唐以前的书法，多以他的书论为据。传世书论有《书断》、《书议》、《书估》、《六体书论》、《文字论》、《论用笔十法》、《玉堂禁经》、《评书药石论》等，以《书断》最为著名。张怀瓘书法工楷、行、小篆、八分等体，遗憾没有书迹传世。

③崔瑗，字子玉，东汉安平（今河北省安平县）人，汉代书法家，尤善草书，师法杜度。三国时魏人韦诞称崔瑗"书体甚浓，结字工巧"。

杜度，东汉京兆杜陵人（今陕西西安一带）。字伯度。一说原名操，因避魏武帝曹操的名讳，改称杜度。汉章帝时为齐相。杜度以善章草著名。后人将杜度与崔瑗并称为"崔、杜"。

④张旭、怀素，唐代杰出的草书家，详见后文。

⑤简牍是对我国古代遗存下来的写有文字的竹简与木牍的概称，包括竹简和木简、竹牍和木牍。用竹片写的书称"简策"，用木版（也作"板"）写的叫"版牍"。在纸发明以前，简牍是我国书籍的最主要形式。

超妙入神　高古纯朴

——魏钟繇小楷《荐季直表》

《荐季直表》，全称《荐关内侯季直表》，相传为三国魏时的著名书法家钟繇所书。小楷，墨迹本已失传，现有两种刻帖传世，一是明代的《真赏斋帖》，二是清代的《三希堂法帖》。《荐季直表》与钟繇的《力命表》、《贺捷表》、《调元表》、《宣示表》合称为“五表”。刊于《中国美术全集 · 书法篆刻编》（二）、《中国书法全集》（二十）、《中国书法鉴赏大辞典》（上）、日本《书道全集》。

钟繇（151—230），字元常，魏封定陵侯，加太傅，人称“钟太傅”，颖川长社（今河南长葛）人。《三国志》有传。

从已出土的文物资料表明，篆书、隶书、真书（楷书）、行书、草书五体，在东汉时期都已齐备，并在民间流行。到了魏晋时期，汉代以来的篆隶和由此脱化而成的草书、行书、楷书等新字体杂然并用，古代的篆隶字体渐渐衰废，而为书写更加简便实用的新字体所代替，逐渐成为完全独立的字体，到东晋发展成熟，并达到高峰。钟繇的小楷就是这一时期楷书的代表之一。

钟繇学书及其刻苦而用心，相传他曾向韦诞①学习蔡邕②笔法而不得，韦诞死后，钟繇挖了他的墓而得到蔡邕笔法。钟繇擅长楷书、草书、隶书、篆书等诸体，对楷书有创造性的贡献，后世常将钟繇与书圣王羲之相提，合称“钟

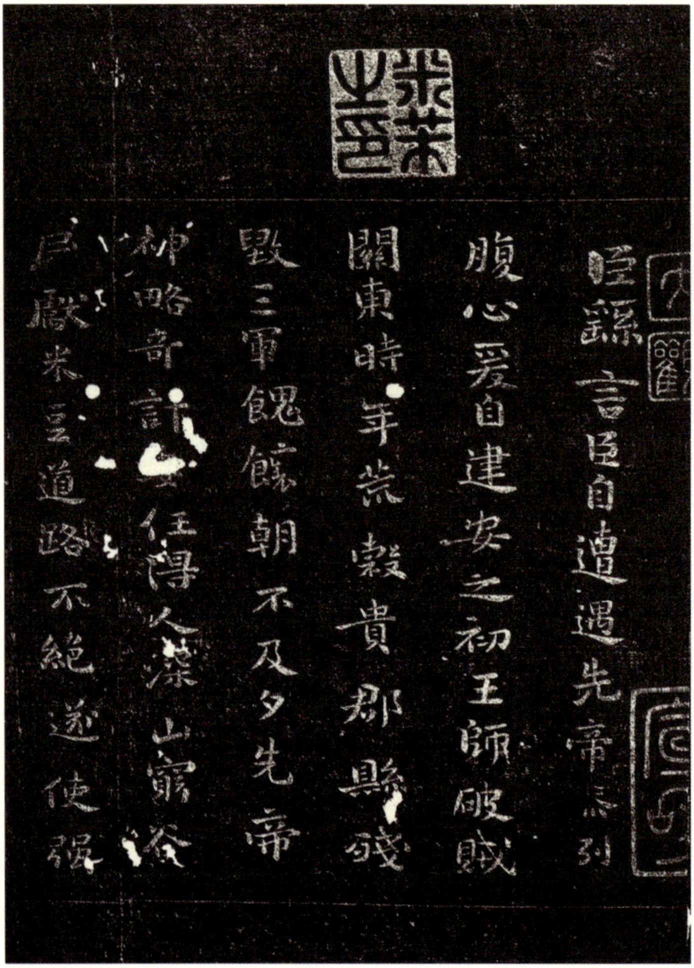
臣繇言臣自遭遇先帝忝列
腹心爰自建安之初王師破賊
關東時年荒穀貴郡縣殘
毀三軍餽饟朝不及夕先帝
神略奇計委任得人深山窮谷
民獻米豆道路不絕遂使強

《荐季直表》

王”。他的书法幽深无际，古雅有余。唐代张怀瓘《书断》评价钟繇“真书（楷书）绝妙，乃过于师，刚柔备焉”。

《荐季直表》，为钟繇七十岁高龄时书，是他小楷的代表作品。内容为推荐旧臣关内侯季直的表奏。有人认为《荐季直表》为唐人根据原本所摹，也有人认为系伪托。但因它保留了钟繇小楷的基本特征，同样具有很高的艺术价值，而深得后人推崇。

《荐季直表》高古纯朴，超妙入神。章法错落有致，生动而趣味横生；笔法质朴浑厚，雍容自然。钟繇生活在由隶书而楷、行、草的过渡时期，因而他的楷书带有隶书分披的笔势，《荐季直表》也因此而古韵盎然，活泼之气横生。前人以“云鹤游天”、“群鸿戏海”来形容它带给人的美感享受，以至清人王世贞认为，在此帖之后，“天下之学钟者，不再知有《淳化阁》”（指《淳化阁帖》所载钟繇的其他刻帖）。

钟繇传世作品除《荐季直表》外，还有小楷《力命表》、《贺捷表》、《调元表》、《宣示表》、《丙舍帖》，隶书《群臣上尊号奏碑》等。

除隶书《群臣上尊号奏碑》外，我们今天所见到的钟繇的作品都不是真迹，均为后人的摹本。相传《宣示表》、《力命表》、《丙舍帖》等是王羲之的摹本，带有王书笔意。《淳化阁帖》所收的《戎路表》，虽也为后人摹本，但用笔波挑俯仰，有明显的分势，所以后世书家多认为它最能代表钟繇的楷书面貌。

钟繇小楷对后世影响深远，东晋杰出的书法家王羲之、王献之父子，元代书坛领袖赵孟頫，明代著名书法家文征明、王宠、黄道周无不受其影响。时至今日，钟繇小楷依然是学习小楷最好的范本之一。

注释：

① 韦诞，三国时期魏国的书法家、制墨家，京兆（今西安）人。官光禄大夫。有文才，善辞章。

②蔡邕，字伯喈，陈留圉（yǔ）（今河南杞县）人。东汉著名文学家、书法家和书法理论家，其书法理论著作《篆势》、《笔论》、《九势》对后世影响很大。《篆势》早已失传，后两篇留传下来，是我国目前所能见到的最早的书法理论著作，也是汉代书论的代表作。蔡邕擅长篆书、隶书、飞白书，尤其精善隶书，对当世及后世影响颇大。

楷书艺术的鼻祖

——《宣示表》

《宣示表》，无款，小楷，共十八行。是钟繇小楷的代表作品。现藏故宫博物院。最早见于宋代的《淳化阁帖》，后世阁帖、单本多有翻刻，以宋刻拓本为最佳。刊于《中国美术全集·书法篆刻编》(二)、《中国书法鉴赏大辞典》(上)、《中国书法全集》(二十)、日本《书道全集》。

关于《宣示表》原迹的下落，相传东晋初年的大臣王导非常喜爱钟繇书法，在丧乱流离东渡时还不忘将《宣示表》缝藏在衣带里随身携带。后来王导将它传给了王羲之，数年后，王羲之又将其送还给了王导的儿子王修(字敬仁)。王修死后，他母亲看到儿子生前非常珍爱这些墨宝，于是将它们放进王修的棺中陪葬，《宣示表》真迹从此消失。现传世的《宣示表》刻本，论者普遍认为是根据王羲之临本所摹刻的。

《宣示表》与钟繇其他作品相比较，字体无论在笔法或结体上，都更显示出一种较为成熟的楷书体态和气息，充分表现了魏晋时代正走向成熟的楷书的艺术特征。点画遒劲朴茂，刚柔相济；结体略呈扁形，宽博高古；章法自然，颓然天放。通篇充盈着浑厚醇古、雍容端庄典雅之美，当得起"神妙"二字。

《宣示表》一直以来受到后世书家的赞誉和追捧，清人张廷济在《清仪阁题跋》中称赞其："清瘦如玉，姿趣横生。"有人认为钟繇《宣示表》是楷书艺术的鼻祖，它的点画法则、结体规律等影响和促进了楷书高峰——唐楷的到来。

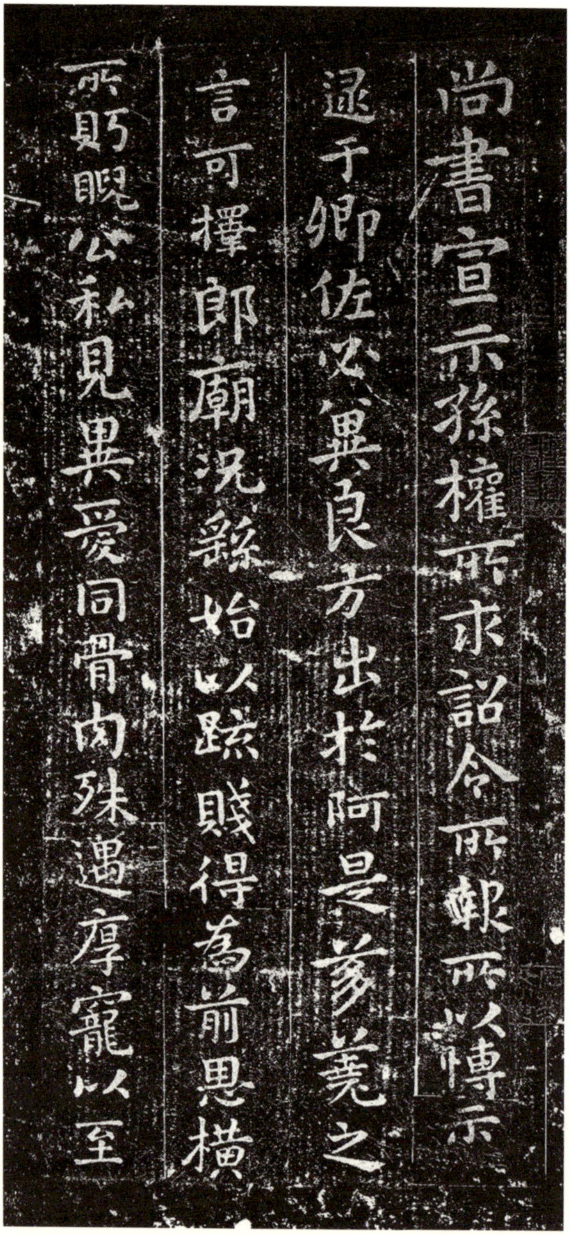
尚書宣示孫權所求詔令所報所以博示
逯于卿佐必冀良方出於阿是芻蕘之
言可擇郎廟況繇始以疏賤得爲前恩横
所眄睨公私見異愛同骨肉殊遇厚寵以至

《宣示表》

古拙圆融的章草

——皇象《急就章》

《急就章》，相传为三国时期吴国的书法家皇象所书。章草、楷书释文各一行。有刻本流传，以明代吉水（今属江西省）杨政根据宋人叶梦得所摹旧本摹刻最为著名，因刻于松江，故名"松江本"。又有临本数种，以刻入《三希堂》的赵孟頫临本最佳。"松江本"上下分为六栏，每栏三十三行，每行十一字。原石现藏松江县博物馆。刊于《中国美术全集·书法篆刻编》（二）、《中国书法鉴赏大辞典》（上）、《中国书法全集》（二十）、日本《书道全集》。

《急就章》原名《急就篇》，由西汉元帝时黄门令史游编纂，是我国古代儿童启蒙时所用的字书。书中大部分为七字句，部分为三字或四字一句。因篇首有"急就"二字而得名。

《急就篇》历代有不少的书家书写过，敦煌所出的汉简中也曾发现写有《急就篇》字句的残简，在汉砖上也曾见写有《急就篇》字句的砖文。汉张芝、崔瑗，晋王羲之、索靖，唐陆柬之，宋黄庭坚，元赵孟頫、邓文原，明宋克等人也都书写过《急就篇》，其中以相传皇象书《急就章》最负盛名。

皇象是三国孙吴的著名书法家，字休明，广陵江都（今江苏扬州）人。擅长章草和八分书。当时人称皇象为"书圣"，更有"一代绝手"之称。皇象的书

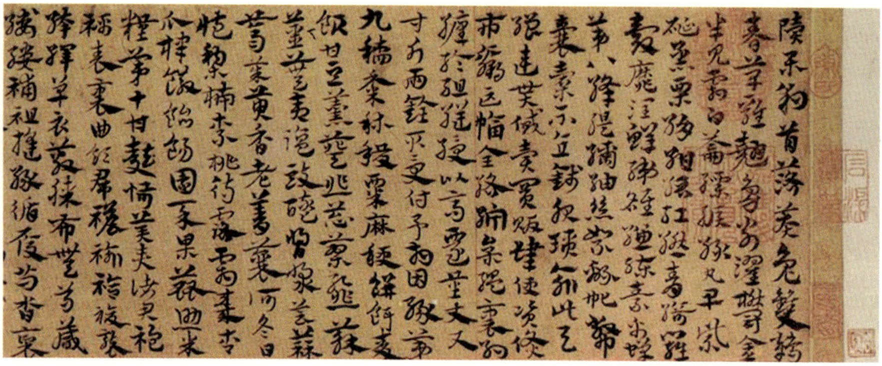

《急就章》

法和严武的棋、曹不兴的画[1]等，并称为“八绝”，可见他在当世影响之大。唐人张怀瓘将皇象的章草列为神品，八分列为妙品，小篆列为能品。

皇象书《急就章》中的章草字形规范，笔力遒劲，点画圆融，线条凝重含蓄，使转灵活，生动有趣。章草是隶书的简化和省变，所以带有隶书波挑的笔意而字字独立，《急就章》中的章草正是如此，点画波磔的隶书笔意，充盈着古拙温厚之气。宋人羊欣说：“吴人皇象能草，世称沉着痛快。”

章草是汉代下层书人在长期的实用过程中形成发展起来的。东汉赵壹《非草书》[2]中说：“夫草书之兴也，其于近古乎？上非天象所垂，下非河洛所吐，中非圣人所造。盖秦之末，刑峻网密，官书烦冗，战攻并作，军书交驰，羽檄纷飞，故为隶草，趋急速耳，示简易之指，非圣人之业也。”概述了章草产生的原因和过程，是因为事多事急需要快速，必须简易从事，于是篆书的草率急就而成了草篆，化线条的圆转为快捷的方折平直，发展变化而成隶书，隶书的急就草率发展变化成了章草。

关于章草名称的来由，历来说法不一。草书应用之初，虽有章草存在却无章草之名。据唐张怀瓘《书断》记载："（至）建初中，杜度善草，见称于章帝，上贵其迹，诏使草书上事……盖因章奏，后世谓之章草。"这种说法历来赞同者多。

根据史书记载，汉晋之际，除皇象外，杜度、崔瑗、张芝、索靖等都是以章草著名的书法家，只可惜这些书法家都没有原迹留传下来。我们今天看到的皇象《急就章》，张芝《秋凉帖》，索靖《月仪帖》、《出师颂》，王羲之《豹奴帖》等章草作品，大都出自唐人摹写。

皇象传世书迹除《急就章》外，还有《文武帖》，书论著作《论草书》，碑刻《天发神谶碑》。

注释：

① 严武，生卒年不详，字子卿，三国时期东吴棋士。善下围棋，同辈中无人能敌，所以有"棋圣"之称。

曹不兴，亦名弗兴，生卒年不详。三国孙吴著名画家。被称为"佛画之祖"，是文献记载中最早的一位传奇画家。善画龙、虎、马及人物。画迹不传。

② 赵壹，字元叔，汉阳西县（今甘肃天水南）人，东汉辞赋家。所著《非草书》，专抨击草书。其时草书逐渐流行，赵壹却想要返回至苍颉、史籀时代，这是有悖历史的发展的，所以虽然他的文章流传，初衷却不能实现。

风神凛凛的索靖《月仪帖》

《月仪帖》，相传为晋索靖书。章草，拓本，共十一章。月仪为书信文例，按月分为十二章。此刻本缺四至六月。刊于《中国美术全集·书法篆刻编》（二）、《中国书法鉴赏大辞典》（上）、《中国书法全集》（二十）、日本《书道全集》。

索靖（239—303），字幼安，敦煌（今属甘肃敦煌）人，张芝姊孙。曾官尚书郎、雁门太守、拜左卫将军，人称征西将军。西晋著名的书法家，尤擅章草，继承张芝的草法而创新。他的书法古拙峻迈，笔力遒劲，与卫瓘①齐名，时称“一台二妙”②。《晋书》有传。

索靖的章草，极为后世重视，是后代书家宝爱和学习的对象。

晋人王隐曾说：“靖草绝世，学者如云。”相传唐代杰出的书法家欧阳询，路见索靖所书的碑刻，竟卧地观碑，三日不忍离去。可以说，索靖的书法对后世书坛产生了深远的影响，特别是两晋、南北朝时期。

唐孙过庭《书谱》曾将索靖书法与“草圣”张芝相比较：“精熟至极，索不及张（芝）；妙有余姿，张不及索。”唐张怀瓘将索靖章草列为神品，八分、草书列为妙品。索靖也非常得意自己的书法，称自己的字势为“银钩虿尾”。

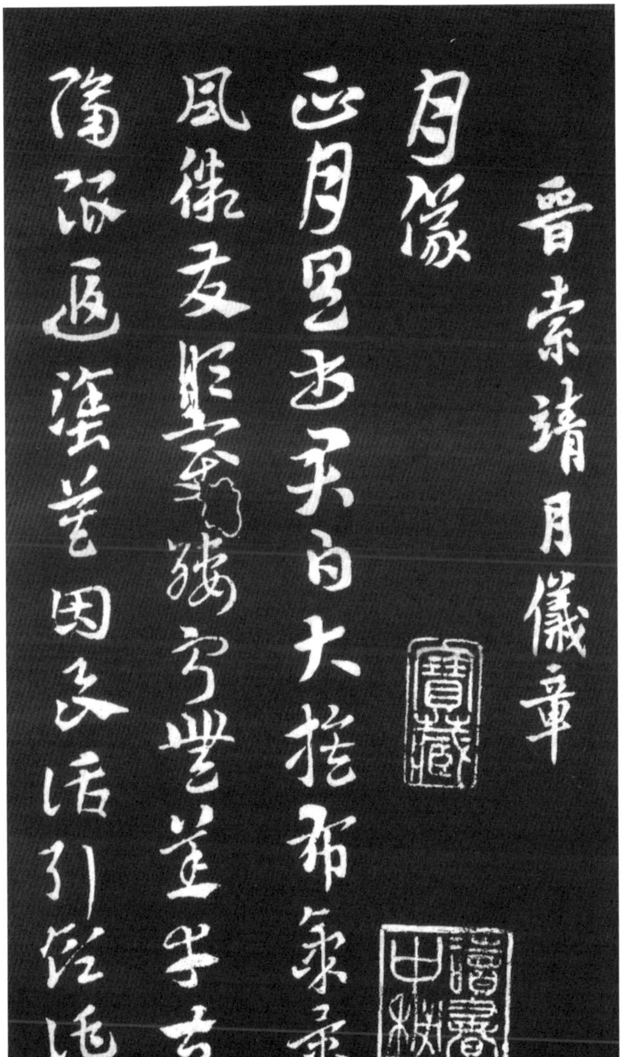

《月仪帖》

《月仪帖》为索靖的代表作品。法度严谨，笔锋镰锐，锋芒外露，气势峻迈，笔力遒劲。比之吴皇象《急救章》多了爽利劲健和书写的畅快，拙朴之中透着轻灵活泼。故后人评其："犹夫聂政、相如，千载凛凛，为不亡矣。"（唐李嗣真《书后品》）。《月仪帖》因其独特的审美风貌和字数之多，成为后世学习章草的优秀范本。

索靖传世书迹很多，除著名的章草法帖《月仪帖》外，还有《出师颂》、《七月帖》、《急就章篇》、《母丘兴碑》等。除此之外，索靖还著有传世书论《草书势》、《草书状》。

注释：

①卫瓘（220—291），字伯玉，河东安邑（今山西夏县北）人。三国至晋的书法家，出身于书法世家。曾官至魏国任廷尉、镇西将军，西晋青州、幽州刺史、征东大将军及司空。擅长隶书、章草，流便秀美。他的章草笔画去掉波势，见出今草端倪。无墨迹传世，北宋《淳化阁帖》收有他的刻帖《顿首州民帖》。族侄女卫夫人（卫铄）也是著名的书法家，为书圣王羲之的书法老师。

② 一台二妙，同官而俱负时名的两个人。卫瓘与索靖都善草书，卫瓘为尚书令，索靖为尚书郎，时人称"一台二妙"。

高古拙朴的陆机章草《平复帖》

《平复帖》，宋人鉴定为晋陆机所书。章草，纸本墨迹，无款。共九行，约八十七字，现仅存八十四字，有数字辨不清。是我国最早的古代书法作品墨迹中出自名书家之手的作品。现藏北京故宫博物院。刊于《故宫博物院历代法书选集》(一)、《中国美术全集·书法篆刻编》(二)、《中国书法鉴赏大辞典》(上)、《中国书法全集》(二十)、日本《书道全集》。

陆机（261—303)，字士衡，吴郡（今江苏苏州市)人。三国至晋的书法家，因跟随成都王颖任平原内史，人称“陆平原”。陆机富有文采，与弟弟陆云并称“二陆”，是西晋著名的文学家，有《陆平原集》传世，以《文赋》著称文坛。书法擅长行书、章草。《晋书》有传。

《宣和书谱》称《平复帖》为章草，但它与我们通常所说的章草还有差别，而与汉晋简牍书相近，应该是由章草向今草发展过渡中的草书。

《平复帖》是陆机问候朋友疾病的书札，是用秃笔写于麻纸之上。笔致婉转，平淡质朴，拙朴率真，深得后世书家的喜爱。

因为是朋友间的问候书信，书写者心境轻松自然，没有刻意的营造，所以点画自然松动，较之皇象《急就章》中的章草多了灵气和书写的快感。虽然字

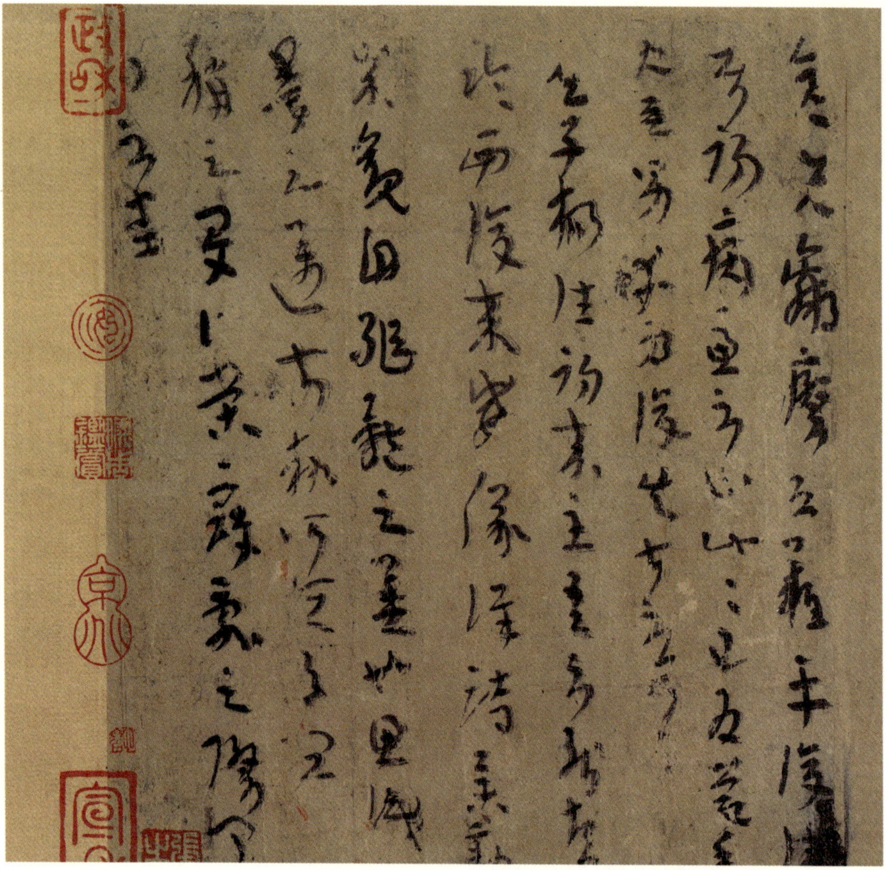

《平复帖》

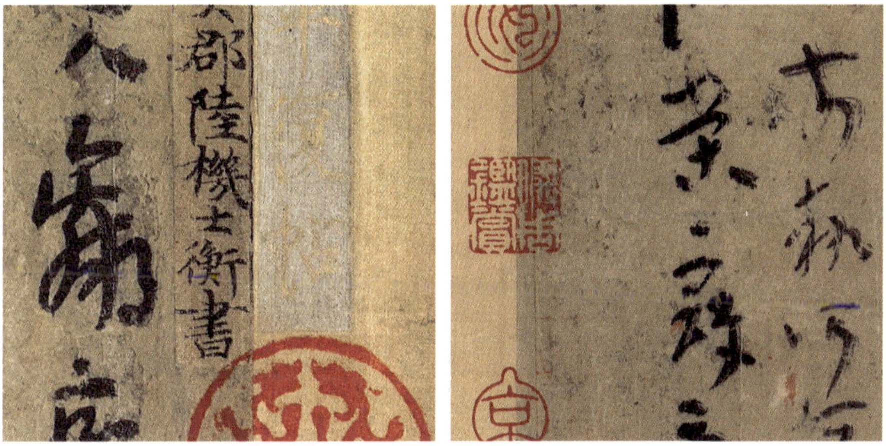

《平复帖》

字独立，但线条婉转多变，更富有了书写性而上下呼应，气脉相通。又因为是以秃笔写于麻纸之上，麻纸的不易着墨、秃笔笔毫的劲健使线条盘丝如屈铁，又时有笔毫分叉而带来的涩涩的笔画，令线条质朴老辣，而古拙之气盈篇。

《平复帖》通篇结体简洁，线条婉转而凝练，有篆隶笔意，笔精而古雅，拙朴而圆浑，富有天趣，使人回味无穷。所以明人张丑说："《平复帖》最奇古，与索幼安（索靖）《出师颂》齐名，笔法圆浑，正如太羹玄酒，断非中古人所能下手。"（见《清河书画舫》）当代著名书法家启功先生也曾以诗赞曰：

十年遍校流沙简，

《平复》无惭署墨皇。

陆机因文采而掩书名，所以传世书迹不多，除《平复帖》外，还有《望想帖》、《裴祇墓志》等。

天下第一行书《兰亭序》

《兰亭序》，东晋王羲之书。刊于《故宫博物院历代法书选集》（一）、《中国美术全集·书法篆刻编》（二）、《中国书法鉴赏大辞典》（上）、《中国书法全集》（十八）、《兰亭汇帖》。

王羲之（321—379，一说303—361），字逸少，琅玡（今属山东）人，居会稽山阴（今浙江绍兴），东晋杰出的书法家，被后人尊称为"书圣"。官至右军将军、会稽内史，故人称"王右军"。《晋书》有传。

王羲之书法学习钟繇，而能改变钟繇书法的左右波挑和放逸的书风，形成自己有篆书意味的圆转凝重的书风，而为后人推崇。以楷书、行书成就最高。前人以"清风出袖，明月入怀"来形容他的书法，非常形象贴切。

现流传的《兰亭序》不是王羲之的真迹。唐太宗李世民因为宝爱王羲之的书法，尤其喜爱《兰亭序》，死后将《兰亭序》随葬了昭陵。所以现在传世的《兰亭序》都是后人的摹本、刻本。有《神龙本兰亭》和《定武本兰亭》传世。前者传为唐人冯承素双钩廓填本，纸本；后者为唐欧阳询据王羲之真迹临摹（或曰钩勒）上石，为刻本。定武真本有两种，一为元代柯九思藏本，另一为元代独孤长老藏本。《神龙本兰亭》因为是双钩廓填本，是先钩轮廓后填墨，故被认为最接近原迹面目。

《兰亭序》是王羲之行书的代表作，被誉为天下第一行书。所谓行书，是在楷书的基础上，稍加速度和笔画映带的书体，也就是苏东坡所说“真（楷书）生行”。

行书介于楷书和草书之间，既不像楷书那样一笔一画规矩方正，也不像草书那样连绵变化。书写方便，易识流美，是实用性与欣赏性兼备的书体。苏东坡“行如行，草如走（跑）”的比喻，非常形象地从行笔速度上概括了行书和草书的特点。

行书的行笔使转流动，点画呼应映带，节奏比楷书快，比草书慢，从容中道，不疾不徐，不拘不纵。我们从《兰亭序》中，就可体会行书的这种从容不迫的雍容之态。

《兰亭序》是王羲之在会稽内史任上，一次与同道宴集于会稽山阴的兰亭，为雅集的诗集所作的序。

《兰亭序》书法称绝于世，秀逸清朗，洒脱到了极致，一点一画尽现晋人风神。通篇笔墨清爽伶俐，雍容典雅；体态闲雅超逸；章法尤为绝伦，字与字之间点画毫无牵连，却又欹侧多姿，顾盼生情，一气呵成之痛快淋漓尽现其间。明代著名书画家董其昌在其《画禅室随笔》中说：“古人论书，以章法为一大事。右军《兰亭序》章法为古今第一，其字皆映带而生，或大或小，随手所如，皆入法则，所以为神品也。”

《兰亭序》一派静穆中和之美，却极尽变化之能事，内中二十个“之”字，却各具面目，姿态迥异，充分体现了作者高深的书法艺术造诣。正如宋人黄庭坚《山谷题跋》中所说："《兰亭序》草，王右军平生得意书也。反复观之，略无一字一笔不可人意。摹写或失之肥瘦，亦自成妍，要各存之以心，会其妙处耳。"《兰亭序》不愧为书法史上永恒的经典。

关于《兰亭序》，还流传着有趣的传说，当年王羲之非常得意《兰亭序》，却遗憾其中的几处涂抹痕迹，以后又重写十余遍，却均不及原作，只好作罢。这个故事说明艺术创作的不可重复性。

《兰亭序》不仅是行书的典范，而且文本也是一篇难得的美文，被清人吴楚材、吴调侯选入《古文观止》，成为文章的典范。字里行间流溢着潇洒俊逸的晋人风度，读来清朗上口，使人不觉沉醉于散文美妙的意境之中。

《兰亭序》文与艺俱佳，相得益彰，散淡洒脱，逸兴勃发，一片神机，堪称双璧，是内容与形式完美和谐的典范。

王羲之的行书除《兰亭序》外，还有《姨母帖》、《快雪时晴帖》、《得示帖》、《平安帖》、《二谢帖》、《丧乱帖》、《何如帖》、《孔侍中帖》、《怀仁集王圣教序》等。

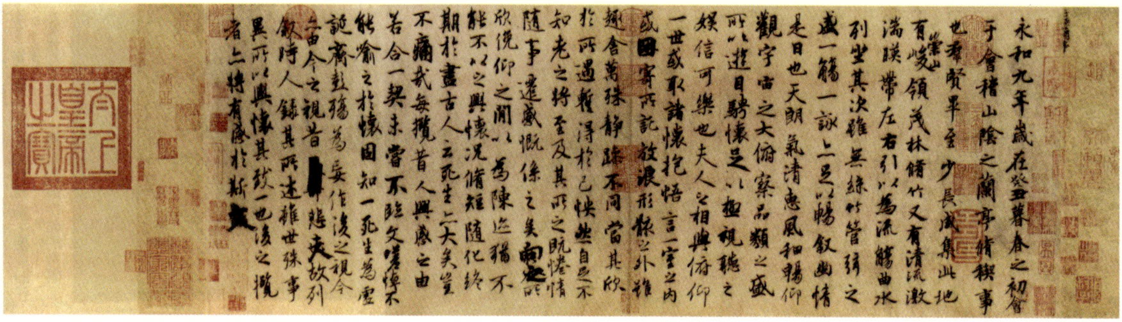

《兰亭序》

韵高千古的王羲之草书《十七帖》

《十七帖》是晋王羲之草书的代表作，因卷首有“十七”二字而得名。原墨迹早已失传，现传世的《十七帖》是刻本。唐张彦远《法书要录》记载了《十七帖》原墨迹的情况：“《十七帖》长一丈二尺，为贞观中内本，一百零七行，共九百四十三字。”历来摹刻本很多，传世拓本中最为著名的有明代邢侗藏本、文征明朱释本、吴宽藏本等。刊于《中国美术全集·书法篆刻编》（二）、《中国书法鉴赏大辞典》（上）、《中国书法全集》（十八）。

《十七帖》是一组书信，是王羲之写给朋友益州刺史周抚的。书写时间从永和三年到升平五年，时间跨度十四年。可以说《十七帖》是研究王羲之生平和书法发展变化的重要资料。

王羲之早年从卫夫人①学习书法，后来草书师法张芝，却能拟古出新，一变汉魏以来质朴书风而为妍美流便的新体。梁武帝萧衍的《古今书人优劣评》评王羲之书法：“字势雄逸，如龙跳天门，虎卧凤阙。”从《十七帖》中，我们就可以感受到梁武帝比喻的形象生动。

《十七帖》充和典雅，婀娜多姿，不激不厉，而风规自远，比皇象、史游、索靖的章草多了轻灵妩媚，又不似张芝草书的奔放豪爽，一派中和之气。通篇

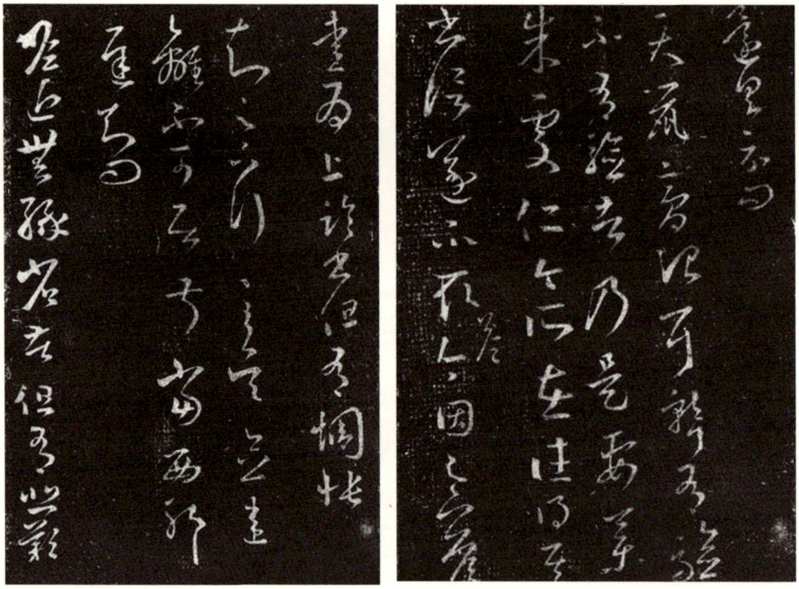

《十七帖》

行距分明，字多独立而少映带，但字势却顾盼生情，气脉相通，“状若断还连，势如斜而反直”；结字精严，字形大小相间，疏密错落有致；用笔方圆兼备，以方笔方折为主，如切金断玉，刚柔相济；线条杂糅隶书的笔意，古雅生姿。可以说《十七帖》遒劲而于婉约之内，平和而内含刚健，灵动而不失静气，自然洒脱，韵高千古。

南宋朱熹曾评价和分析《十七帖》：“玩其笔意，从容衍裕，而气象超然，不与法缚，不求法脱，其所谓一一从自己胸襟流出者。”自然萧散，有晋人的爽爽风神。后世书家称《十七帖》为“书中之龙”，将其奉为学习草书的范本。

王羲之传世的草书除《十七帖》外，还有《豹奴帖》、《丧乱帖》、《初月帖》、《止虞帖》、《寒切帖》、《七月帖》、《行穰帖》等。

注释：

①卫夫人（242—349），名铄，字茂猗，河东安邑（今山西夏县北）人，是晋代著名书法家。为汝阴太守李矩之妻，世称卫夫人。卫氏家族是书法世家，卫铄夫李矩亦善隶书。卫夫人师承钟繇，妙传其法。

雍容典雅　温润充和

——王羲之小楷《乐毅论》

《乐毅论》，晋王羲之书。拓本，小楷。共四十四行。“旧传唯《乐毅论》乃王羲之亲书上石，其他皆纸素所传。”（见宋人江少虞《宋朝事实类苑》）原刻石随葬唐太宗昭陵，后为人发掘，流入民间，其后下落不明。现在所传世的是后人的摹刻本，曾刻入《越州石室帖》、《停云馆帖》、《玉烟堂帖》、《余清斋帖》、《快雪堂帖》等。刊于《中国美术全集·书法篆刻编》（二）、《中国书法鉴赏大辞典》（上）、《中国书法全集》（十八）。

《乐毅论》是三国时期曹魏大臣夏侯玄撰写的一篇文章，文中论述的是战国时代燕国名将乐毅和他征讨各国的事。相传王羲之抄写这篇文章，是为了给儿子王献之的。

《乐毅论》是王羲之楷书中最负盛誉的作品，受到后世书家的推崇，被列为王羲之楷书第一。初唐书法“四杰”之一的褚遂良《拓本乐毅论记》认为：“笔势精妙，尽备楷则。”隋朝著名书法家智永在《题右军〈乐毅论〉后》说：“《乐毅论》者，正书第一。梁世模出，天下珍之。”清代著名书法家钱泳在其书论著作《书学》中，对《乐毅论》更是推崇备至，他说：“昔人谓右军《乐毅论》为千古楷法之祖，其言确有理据。盖《黄庭》、《曹娥》、《像赞》非不妙，然各立面目，惟

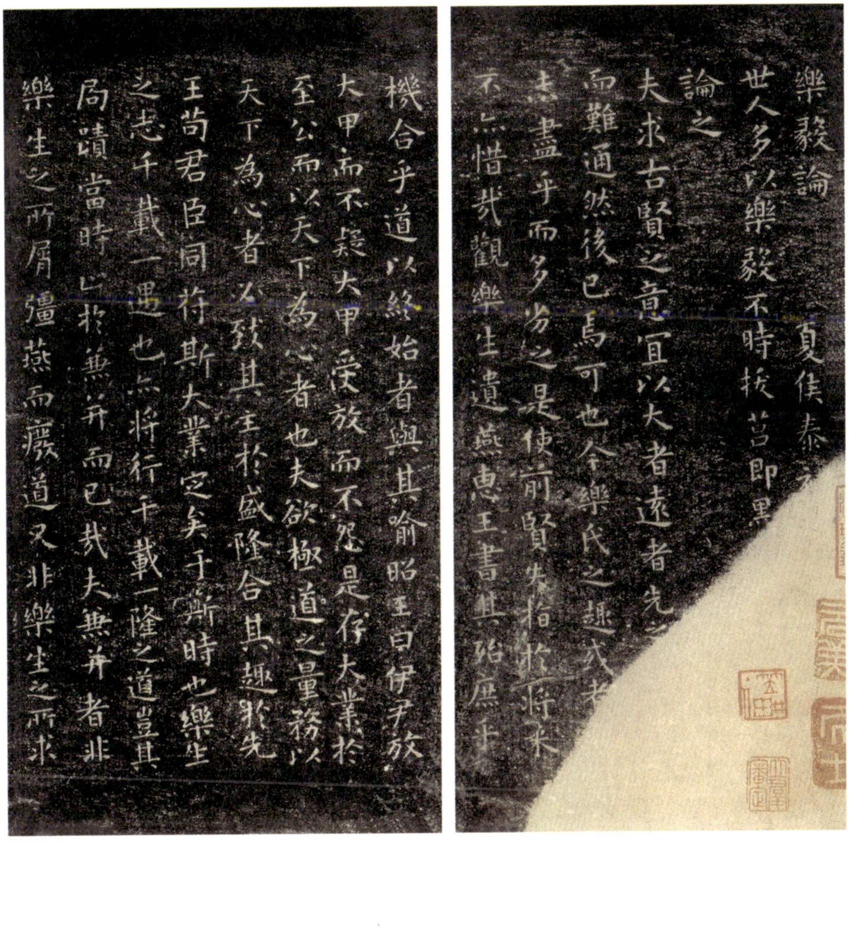

樂毅論　夏侯泰
世人多以樂毅不時拔莒即墨
論之
夫求古賢之意宜以大者遠者先
而難通然後已焉可也今樂氏之趣或者
志盡乎而多劣之是使前賢失指於將來
不亦惜哉觀樂生遺燕惠王書其殆庶乎
機合乎道以終始者與其喻昭王曰伊尹放
大甲而不疑大甲受放而不怨是存大業於
至公而以天下為心者也夫欲極道之量務以
天下為心者必致其主於盛隆合其趣於先
王苟君臣同符斯大業定矣于斯時也樂生
之志千載一遇也亦將行千載一隆之道豈其
局迹當時止於兼并而已哉夫兼并者非
樂生之所屑彊燕而廢道又非樂生之所求

《乐毅论》

《乐毅》冲融大雅，方圆适中，实开后世馆阁试策之端，斯为上乘。”“宋四家”之一的黄庭坚曾诗赞《乐毅论》：

小字莫作痴冻蝇，
《乐毅论》胜《遗教经》。

《乐毅论》备受后人热爱，自元明以来，屡遭翻刻，距离本来面目越来越远，我们也只能从这些走样的翻刻里，借助前人的评论和王羲之的其他书迹，于想象中想见其风采神韵了。

但尽管如此，我们依然可以感受到它的美：雍容典雅，温润充和，一派晋人风姿。用笔方圆兼备，结体精妙，字势活泼，章法自然。比之钟繇小楷多了秀美轻灵；比唐人小楷多了生机和自然之美，而更重要的是胜在韵致。可以说，小楷经由钟繇到王羲之诸法尽备，《乐毅论》至今仍是学习小楷的优秀范本。

王羲之传世的楷书除《乐毅论》外，还有《曹娥碑》、《黄庭经》、《东方朔画赞》等。

『一笔书』之典范

——王献之《中秋帖》

《中秋帖》相传为东晋杰出的书法家王献之所书。行草书，纸本墨迹。三行，共二十二个字。无署款。现藏北京故宫博物院。刊于《中国书法鉴赏大辞典》（上）、《中国书法全集》（十九）。

《中秋帖》与王羲之《快雪时晴帖》、王珣的《伯远帖》，为清乾隆皇帝宝爱的三件珍品，称为"三希"，他的书斋也因此名曰"三希堂"。曾刻入《戏鸿堂帖》、《三希堂法帖》，著录《石渠宝笈》。

王献之（344—386），字子敬，小字官奴。书圣王羲之的第七个儿子，书法史上称其父为大王，其为小王。父子并称为"二王"、"羲献"。王献之官至中书令，世称大令。其族弟王珉继为中书令，也以书法著名，人称"小令"，以别之。《晋书》有传。

王献之从小秉承家学，在翰墨的熏陶中长大。从小随父亲学习书法，得到父亲悉心的传授和指导，奠定了坚实的基础。后学习草圣张芝，继承汉张芝的"一笔书"（今草），而有所发展并形成自己的风格。唐张怀瓘《书断》将王献之的隶书、行书、草书、飞白都列入神品。

关于王献之的书法成就，有人认为超越了他的父亲，也有人认为不如父亲，历来褒贬不一。

二王父子的书法艺术成就，在世时即为社会所公认，但对二人成就的高下，当时评价不一。在二王百年之后的晋末至南朝的宋齐之间的七八十年间，小王的书法为时人所重，大王的书法受到冷遇。而到了南朝梁武帝，则开褒大王书法，抑小王书法之风。唐太宗李世民更是极力推崇大王的书法，贬抑小王书法，朝野上下无不如此。

无论梁武帝，还是唐太宗，极力推崇大王书法，虽然都是基于个人的审美趣味，但因为他们统治者的特殊身份，上行下效，由此客观上奠定了王羲之书圣的地位。

因唐太宗不喜欢小王书法而不求购其书作，内府王献之书迹“仅有存焉”。小王的遗墨留存很少，数量远远没有大王那么丰富。至宋朝初年，才开始并举“二王”。宋太宗赵光义时代的《淳化阁帖》，一半为“二王”作品，“凡大臣登二府，皆以赐焉”。但这些墨迹本绝大多数没有保存下来。好在历代刻帖还保留着一些真迹刻本，可以供后人了解学习王献之书法。

前人对《中秋帖》多有疑问。明人张丑《清河书画舫》认定，“此帖非真迹，而为唐人临本。”清人吴升也认定其为临本，在《大观录》中说，“书法古厚，墨彩气韵鲜润。但大似肥婢，虽非钩填，恐是宋人临仿。”又因为见于“宋四家”之一的米芾所著的《书史》，便进一步推定“为米元章（米芾）所临无疑”。今人大多支持吴升的观点。

据米芾《书史》记载，他曾经收藏过王献之《十二月帖》。《十二月帖》收刻

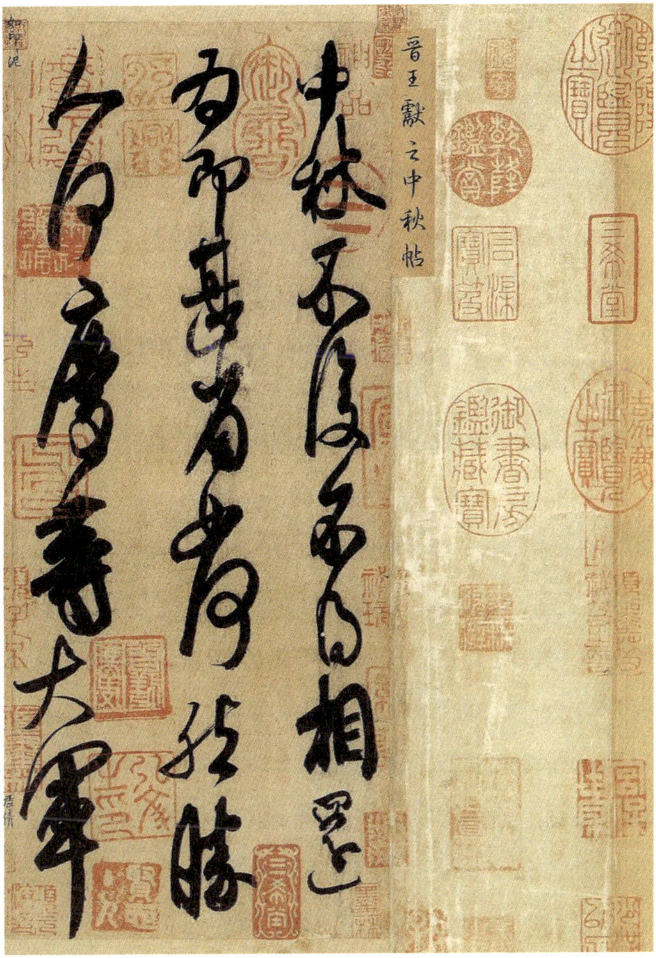

《中秋帖》

于南宋曹之格摹勒的《宝晋斋法帖》。从文本上说，《十二月帖》与《中秋帖》，只是增减十字之差。《十二月帖》内容为，“十二月割至不？中秋，不复不得相，未复还，恸理为即甚，省如何。然胜人何庆等大军。”共三十二个字，比《中秋帖》多十字，即多第一句“十二月割至不”并后面的“未复”和“恸理”四字。以此，有人推论：米芾所藏《十二月帖》墨迹本，乃《中秋帖》的底本。

无论现在留传的《中秋帖》，是唐人所临，还是宋人所临，是否是王献之真迹，其实都不重要。重要的是从中多少传达出了王献之草书之风神，也是我们所能见到的不多的王献之草书的墨迹本，弥足珍贵。正如米芾所评：“运笔如火升筋划灰，连属无端末，如不经意，所谓一笔书。”（《书史》）

小王的连绵草书，是其书法中最为人称道，也最为感人的。从《中秋帖》我们正可以体会到它的感人之处。《中秋帖》被誉为“一笔书”之典范，虽然寥寥二十余字，但上下映带，气脉贯通，潇洒淋漓，一气呵成，情驰神纵，超逸优游，姿态生动，风神毕现，无一点尘俗之气，无一分桎梏束缚。

法国作家布封有“风格即人”之论，中国有“字如其人”之说。小王书与人相映发，由《中秋帖》正可想见其人的潇洒之风神，高洁之姿容。有人认为，后世狂草滥觞于王献之的一笔书，或许有几分道理。

王献之传世作品除《中秋帖》外，还有草书《鸭头丸帖》、《送梨帖》等，行书《廿十九日帖》、《地黄汤帖》、《东山帖》、《鹅群帖》等。

超迈入神的王献之《洛神赋十三行》

《洛神赋十三行》系东晋杰出的书法家王献之书。小楷，单刻帖。自宋代以来，仅残存中间十三行，所以简称为《十三行》。《洛神赋》原迹书于麻笺纸，早已失传。刻本因摹刻于水苍色的端石上，称之为"碧玉"，故有《玉版十三行》之称，又称《碧玉本十三行》。现藏北京首都博物馆。刊于《中国美术全集·书法篆刻编》(二)、《中国书法鉴赏大辞典》(上)、《中国书法全集》(十九)。

王献之《洛神赋十三行》所书内容为三国时期魏国著名文学家曹植的《洛神赋》，是王献之小楷的代表作品。清峻洒脱，神清气爽，超迈入神，有秀逸散宕之美。书法与内容互为诠释而相得益彰，在楷书发展史上占有重要的地位，深得后世书家的推崇，对后世影响深远。

清人杨宾《铁函斋书号》评其曰："字之秀劲圆润，行世小楷无出其右。"清刘熙载《艺概》认为："正以明大令之风，不惟以妍妙胜也。"清张廷济《清议阁题跋》对此更是推崇备至，他认为："(《洛神赋十三行》)风骨凝厚，精彩动人。"进而又说："然风神骀荡，气骨雄骏，固已无美不臻。"意思是说《洛神赋十三行》已达到完美的境界。

《洛神赋十三行》点画瘦劲俊朗，结体收放有度，章法错落有致，体势顾

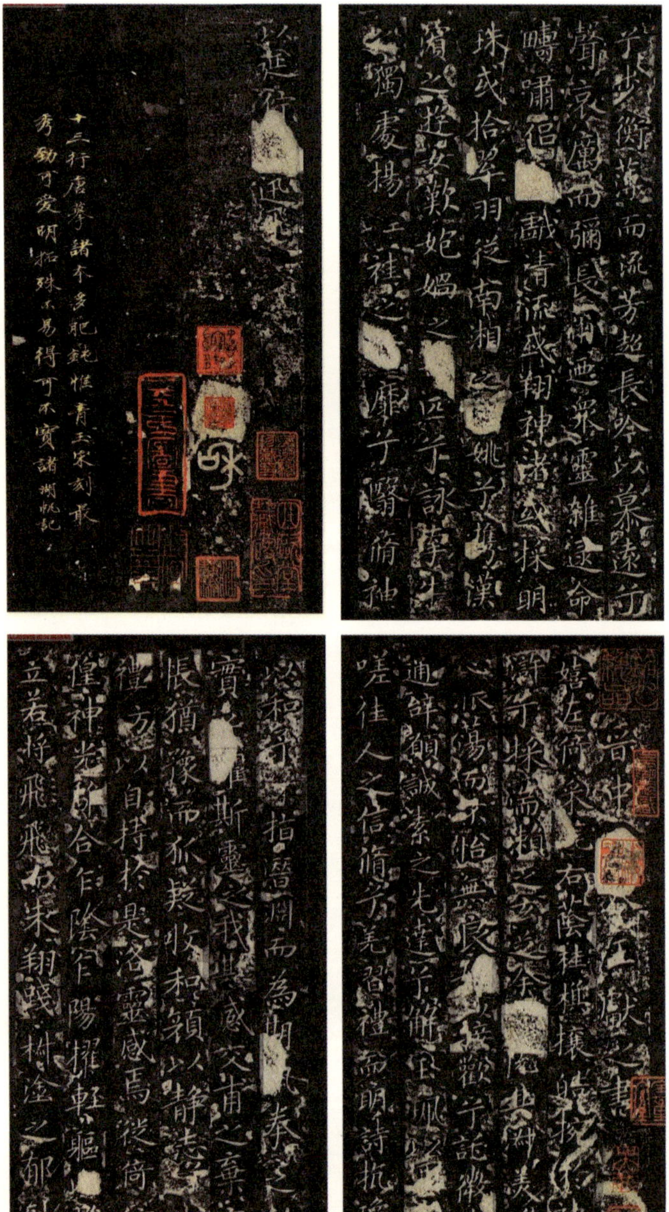

《洛神赋十三行》

盼生姿，已脱尽隶意，字形也由横势变为纵势，已是成熟的楷书形态。有人以写意来形容其风神韵致，是很有道理的。王献之《洛神赋十三行》一变其父王羲之小楷的温润充和，而为清峻萧散，比之唐人小楷更富自然灵动，更富艺术性。

王献之在父亲成熟书风的笼罩下，能突破重围，另创风格，是非常难能可贵而为后人称颂的。

王献之传世的楷书作品除《洛神赋十三行》外，还有《曹娥碑》等。

萧散古淡的王珣《伯远帖》

《伯远帖》，东晋王珣书。行书，纸本墨迹。五行，共四十七字。是目前所见存世最早的晋代书法真迹之一，为清乾隆帝宝爱的三件珍品之一，收入《三希堂法帖》。现存北京故宫博物院。刊于《中国美术全集·书法篆刻编》（二）、《中国书法鉴赏大辞典》（上）、《中国书法全集》（十九）。

王珣（350—401），字元琳，小名法护。官至尚书仆射、尚书令。东晋著名的书法家，擅长行书、草书。《晋书》有传。

书法以晋人最工，书家以晋为最盛。王氏家族无疑是东晋书法群体中最为亮丽的风景。王珣是书圣王羲之的远房侄子，三代好书法，他的书法又有别于"二王"父子，而别开意趣。王羲之书法雅逸俊朗，"刚健中正，流美而静"（沈尹默《二王法书管窥》）；王献之书法"情驰神纵，超逸优游"（唐张怀瓘《书议》），英俊豪迈而饶有气势。而王珣的书法则萧散古淡、峻逸洒脱而神采焕然。

虽然他们的书法各具神采，但都体现了晋人自由潇洒之风姿；体现了晋人不滞于物，超然尘表之外，雅逸散淡的精神；体现了晋人尚韵的审美理想和艺术追求；体现了雅、逸、清的时代风尚。《伯远帖》给人的美感享受正是晋人的

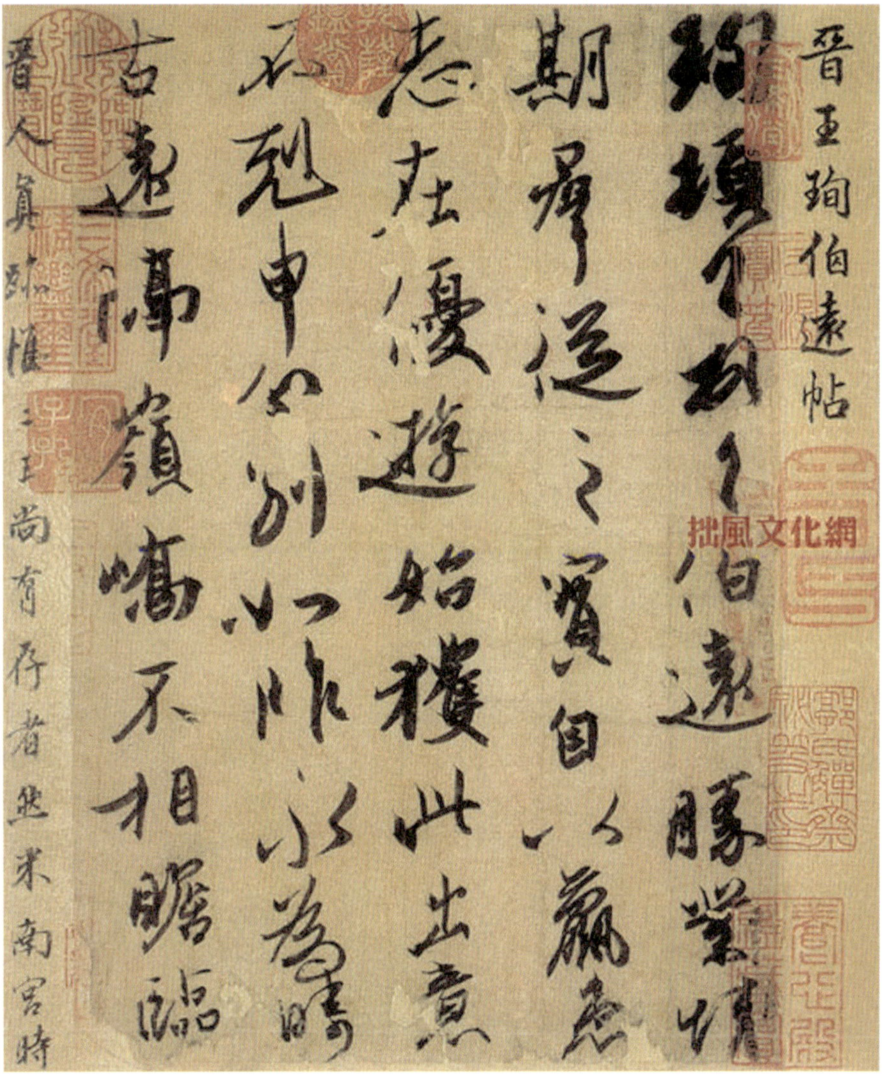

《伯远帖》

不滞于物，晋人的雅逸风流。

《伯远帖》是王珣写给朋友的一封书信，虽是信手写来，却更显自然流畅之美，神采飞扬而萧散古雅，有自然沉着之气。笔画劲健灵动而温润，结体大小参差而错落有致，线条流畅而笔断意连，章法疏密有致而气韵生动。正如明代书画大家董其昌《画禅室随笔·题王珣真迹》中所评："潇洒古淡，东晋风流，宛然在目。"

王珣传世书迹很少，除《伯远帖》外，还有《三月帖》。

秀润圆劲　精熟工稳

——智永《真草千字文》

《真草千字文》，陈隋之间的著名书法家释智永所书。楷书、草书各一行，墨迹纸本。二百零二行，每行十字。日本日下部鸣鹤所藏。另有石刻本，为宋代刻于关中，称为“关中本”，现藏西安碑林。刊于《中国美术全集·书法篆刻编》(三)、《中国书法鉴赏大辞典》(上)、《中国书法全集》(十九)。

智永，生卒年不详，大概为陈、隋之间山阴(今浙江绍兴)永欣寺僧人，人称“永禅师”。俗姓王，是书圣王羲之的第七世孙，名法极。关于智永的生卒年代，唐张怀瓘《书断》中说他是陈人，宋《宣和书谱》中则说他是隋人。

相传智永学习书法精诚刻苦，曾发誓“书不成，不下楼”。果然他几十年没有走下楼一步，在清寂的小楼里，日夜与笔墨纸砚相伴，毛笔用坏了一支又一支，他把用坏了的笔头扔进竹簏(lù)，天长日久，积满好几竹簏。他为这些笔头修了坟墓，称作“笔冢”，时人称之为“退笔冢”。智永书法名重当世，上门求字的人多得踏破了门槛，不得不用铁皮包起来，被人称为“铁门限”。“退笔冢”、“铁门限”成为书法史上的一段佳话。

智永书法学习王羲之、王献之，“精熟过人”(唐李嗣真《书品后》)。“宋四家”之一的苏东坡曾在《东坡题跋》中论及智永书法，他说：“永禅师欲存王氏

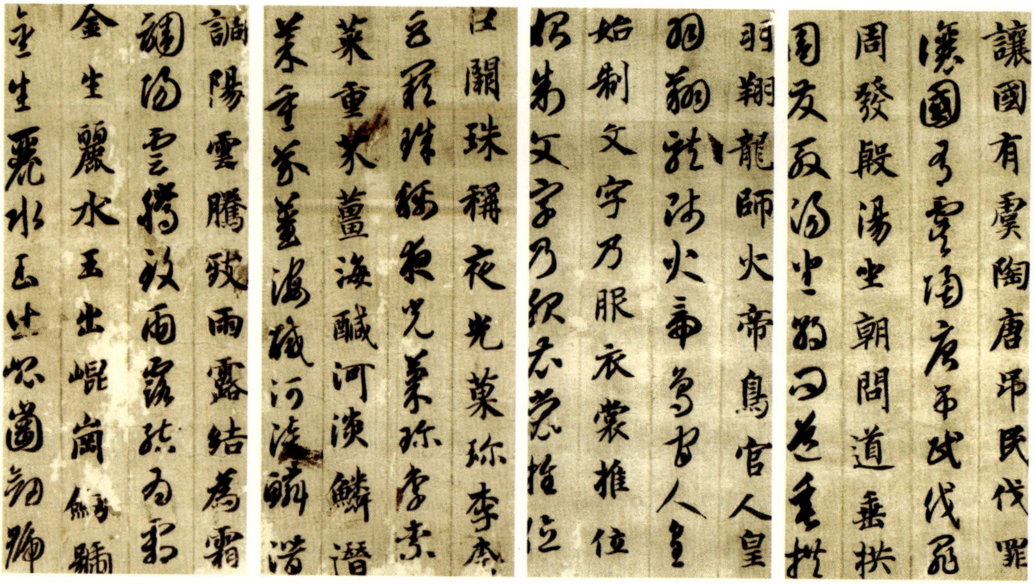

《真草千字文》

典刑，以为百家法祖，故举用旧法，非不能出新意求变态也。然其意已逸于绳墨之外矣。”智永专学二王，希望通过自己的努力，使王氏祖书流传于后世，为此，他曾书《真草千字文》八百多本，分送浙东诸寺庙。然其书法多少还是越出王书之外，自觉不自觉地融入了自己的审美意识和时代风尚，而渐离了晋人尚韵的审美精神。由智永的学书经历，正可说明艺术的继承不是简单的重复，不可能不留有时代和艺术家个人的印迹。

智永《真草千字文》，历来褒贬不一，多数人认为精熟过人，英迈不足。东坡夫子的评论是其中比较客观的，他说："永禅师书骨气深稳，体并众妙，精能之至，反造疏淡。如观陶彭泽（陶渊明）诗，初若散缓不收，反复不已，乃识其奇趣。"（《东坡题跋》）初观《真草千字文》精熟而平淡工稳，正如欣赏陶渊明的诗，细品之中才能感受它内在的意趣。

《真草千字文》楷书与草书并书，然气息相融而和谐，并非一静一动、一工稳一飞扬，风格相左而不相和。楷书寓动于静，草书则寓静于动；楷书在工稳中求活泼，草书在活泼中求工稳。整体上给人一种精熟工稳而又舒缓自如，秀润圆劲、空灵疏朗而不失自然灵动的审美意趣。当然，《真草千字文》比之王羲之的书法，的确有逸气不足之处。

关于智永的书迹，据《宣和书谱》记载，御府所藏的有草书七种，包括千字文；真书四种，包括千字文、小字千字文等。

清峻瘦硬的欧阳询行书《卜商帖》

《卜商帖》又称《卜商读书帖》，初唐杰出的书法家欧阳询书。行书，墨迹纸本。六行，共五十三字，内有九字残缺。现存北京故宫博物院。宋《宣和书谱》、清吴升《大观录》等著录，明末清初的冯铨《快雪堂法书》摹刻。北京故宫博物院辑入《法书大观》，刊于《中国美术全集·书法篆刻编》（三）、《中国书法鉴赏大辞典》（上）、《中国书法全集》（二十一）。

欧阳询（557—641），字信本，因官至太子率更令，世称欧阳率更，潭州临湘（今湖南长沙）人，是初唐最负盛名的书法家。《新唐书》、《旧唐书》有传。

欧阳询擅长诸体，以楷书成就最高，世称“欧体”或“率更体”，是颜、柳、欧、赵楷书四大家之一。欧阳询书法初学王羲之，兼习北碑，险劲超过王羲之；楷书、行书出于王献之，刚劲有势。与虞世南并称“欧虞”，与虞世南、褚遂良、薛稷[①]并称初唐四大家。

《卜商帖》与《张翰帖》同为欧阳询行书的代表作品。虽然是行书，但与他的“欧体”楷书如出一辙，法度森严，清峻瘦硬，下笔肯定而点画工妙。结体修长而紧密，中宫收敛，外画伸展，平正中见险绝。用笔挺拔峻利，方圆兼备，常露锋入纸，锋芒外露，钩挑有力，笔力刚劲而神气充盈。线条多方折，带有

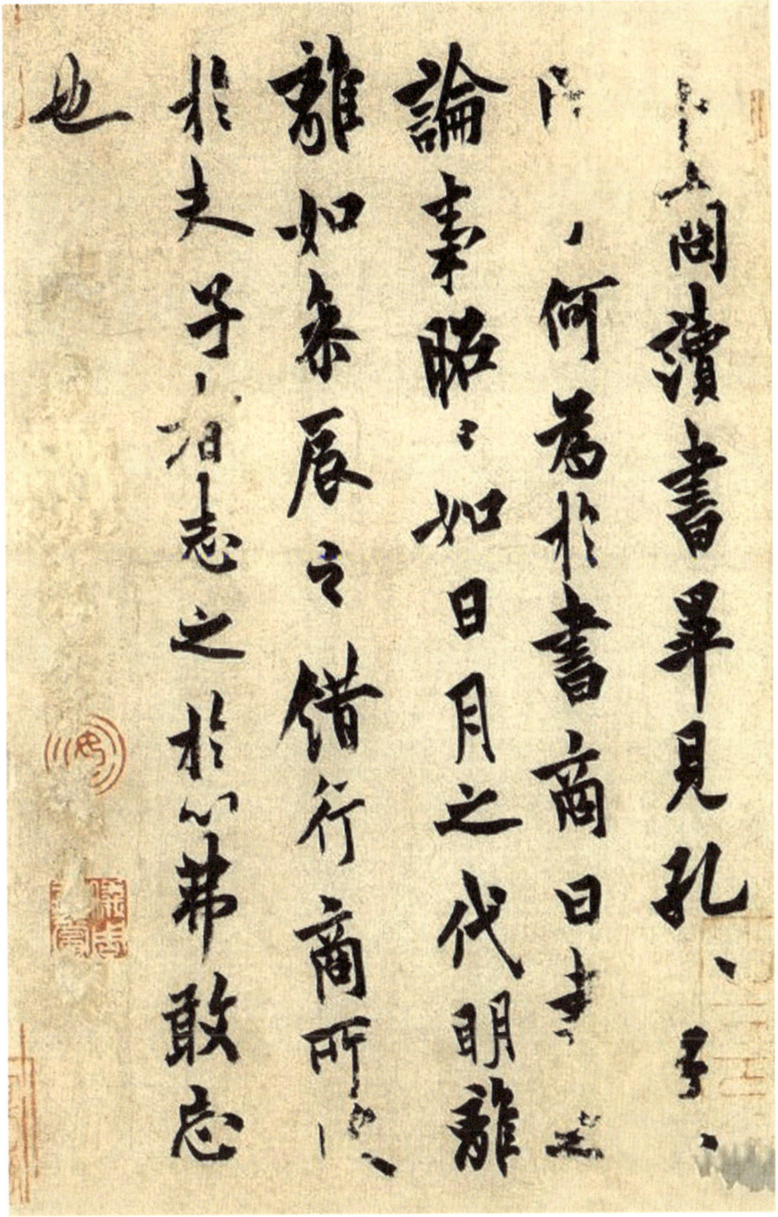

《卜商帖》

明显的北碑棱角分明、方峻雄强的痕迹。墨色丰盈饱满而生气勃勃。正如清人吴升《大观录》中的评价:“笔力峭劲,墨气鲜润。”

欧阳询是初唐最富创新精神的书法家，书名远播海内外，朝鲜、日本都争购欧书效仿欧字，是初唐影响最大的书法家。他总结、归纳了楷书字体结构方法三十六条，即“欧阳询三十六法”。欧书的结构方式，被后人归纳总结为“八诀”、“三十六法”。

欧阳询传世作品很多，著名的有楷书《皇甫诞碑》、《九成宫醴泉铭》、《化度寺碑》、《虞恭公碑》等，行书墨迹除《卜商帖》、《张翰帖》外，还有《度尚帖》、《仲尼梦奠帖》等，草书《千字文》，隶书《房彦谦碑》等。

注释：

①虞世南，见后文《外柔内刚，风神萧散——虞世南行书《汝南公主墓志铭》。

褚遂良，字登善，祖籍钱塘（今浙江杭州），后迁入河南并在河南做官，故人称“褚河南”。褚遂良书法丰艳流畅，变化多姿，推进了唐代楷书的发展，是欧阳询、虞世南至颜真卿、柳公权之间关键的书家。传世书迹楷书有《雁塔圣教序》、《房玄龄碑》、《孟法师碑》等，行书有《枯树赋》、《千字文》、《临王羲之兰亭序》等。

薛稷，字嗣通。因官至太子少保，人称“薛少保”。蒲州汾阴（今山西荣河县）人。薛稷书学褚遂良，只得褚书绮丽的一面，而失其清秀大方。书迹大多不传，现存仅有《升仙太子碑》的数十字题名、《信行禅师碑》孤拓本等。

外柔内刚　风神萧散

——虞世南行书《汝南公主墓志铭》

《汝南公主墓志铭》为初唐杰出的书法家虞世南书。行书，纸本墨迹。十八行，共二百二十字。现藏上海博物馆。宋《宣和书谱》、米芾《书史》、周密《云烟过眼录》等著录。现刊入《中国美术全集·书法篆刻编》（三）、《中国书法鉴赏大辞典》（上）、《中国书法全集》（二十一）。

虞世南（558—638），字伯施，越州余姚（今属浙江）人。官至秘书监，封永兴县子，故世称"虞永兴"。博学擅长文辞，尤以书法著名。《新唐书》、《旧唐书》有传。

虞世南早年师从智永学习书法，专心不懈，继承二王（王羲之、王献之）的传统。与欧阳询齐名，并称"欧虞"，与欧阳询、褚遂良、薛稷并称初唐四大家。因他是唐太宗的书学老师，书坛地位很高，在初唐影响很大，唐太宗曾称赞虞世南有"五德"，即德行、忠直、博学、文词、书翰。

汝南公主是唐太宗之女，早逝，虞世南奉旨为其撰写墓志。《汝南公主墓志铭》墨迹是墓志的草稿，也是虞世南流传下来的唯一墨迹，可以说是虞世南晚年的代表作。由于"宋四家"之一的米芾用笔与之相近，所以有人认为这是米芾的临本。但其流散出的虚和萧散，遒媚不凡，秀美洒脱，风神凝远，又常有人认为它几可以与《兰亭序》相比美。可以肯定地说，《汝南公主墓志铭》是直接继承王羲之遗韵的。

《汝南公主墓志铭》用笔中锋侧锋并用，笔锋或藏或露，沉着肯定，遒劲而有生气。结体紧密而欹正相生。章法上线条的粗细长短，字体的长短大小，墨色的浓淡枯湿，字势的斜正取向，皆随势生发而参差变化，错落有致，有着潇洒自如的节奏感、韵律感和跌宕美。通篇给人以外柔内刚，风神萧散，秀逸多姿之美感。清人王世贞曾评价《汝南公主墓志铭》:“萧散虚和，风流姿态，种种有笔外意。”

虞世南除行书《汝南公主墓志铭》外，传世作品还有楷书代表作《孔子庙堂碑》以及《破邪论序》、《东观帖》等。

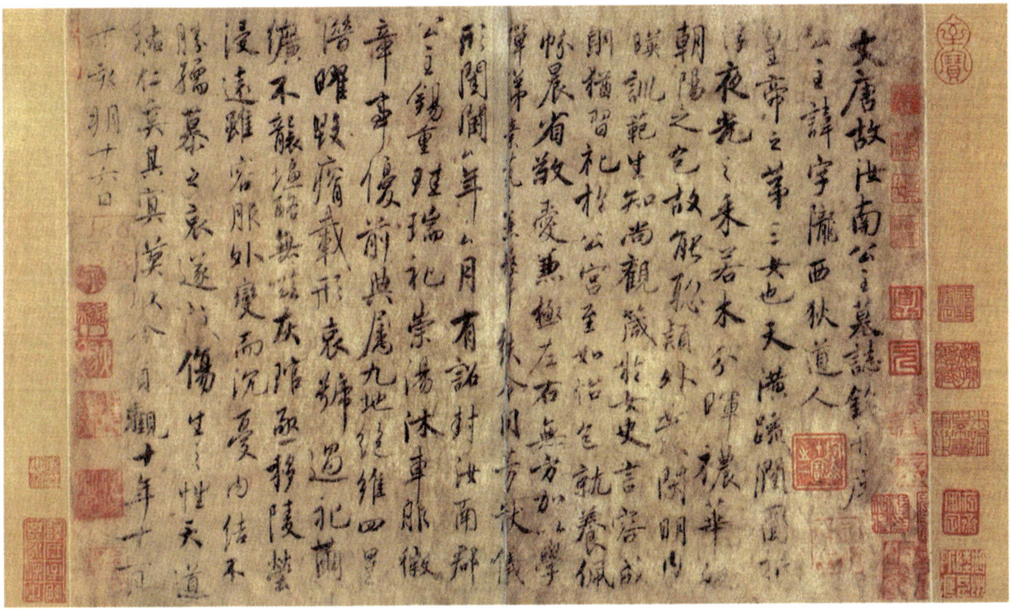

《汝南公主墓志铭》

韵法双绝的陆柬之《书陆机文赋》

《书陆机文赋》相传为唐代著名书法家陆柬之所书。行书，纸本墨迹，无款。一百四十四行，共一千六百六十八字。现藏台北故宫博物院。刊于《台湾故宫博物院法书全集》、日本《书道全集》、《中国书法鉴赏大辞典》（上）、《中国书法全集》（二十一）。

陆柬之，生卒年不详，苏州吴郡（现江苏苏州一带）人。官至朝散大夫、太子司仪郎、崇文侍书学士。其舅父即是当时极负盛名的书法家虞世南。

陆柬之书法学习虞世南，又学欧阳询、王献之，与欧阳询、褚遂良齐名。唐张怀瓘《书断》将陆柬之的隶书、行书列为妙品，草书列为能品。

陆柬之《书陆机文赋》是初唐时期少有的几件名家墨迹之一，以其清隽秀逸，有晋人书韵，而受到后世书家的喜爱，褒赞很多。

元代著名书法家揭溪斯曾评论此帖说："唐人法书结体遒劲有晋人风格者，惟见此卷耳。"元代引领书坛的赵孟頫认为："唐初善书者称欧虞褚薛，以书法论之，岂在四子下耶。然世罕有其迹，故知之者希耳。"（《文赋》跋）清人孙承泽在跋中直接称赞道："柬之所书则精绝一世，字字圆秀，脱胎于《兰亭》而带有其舅氏虞永兴之逸致，遂韵法双绝。"

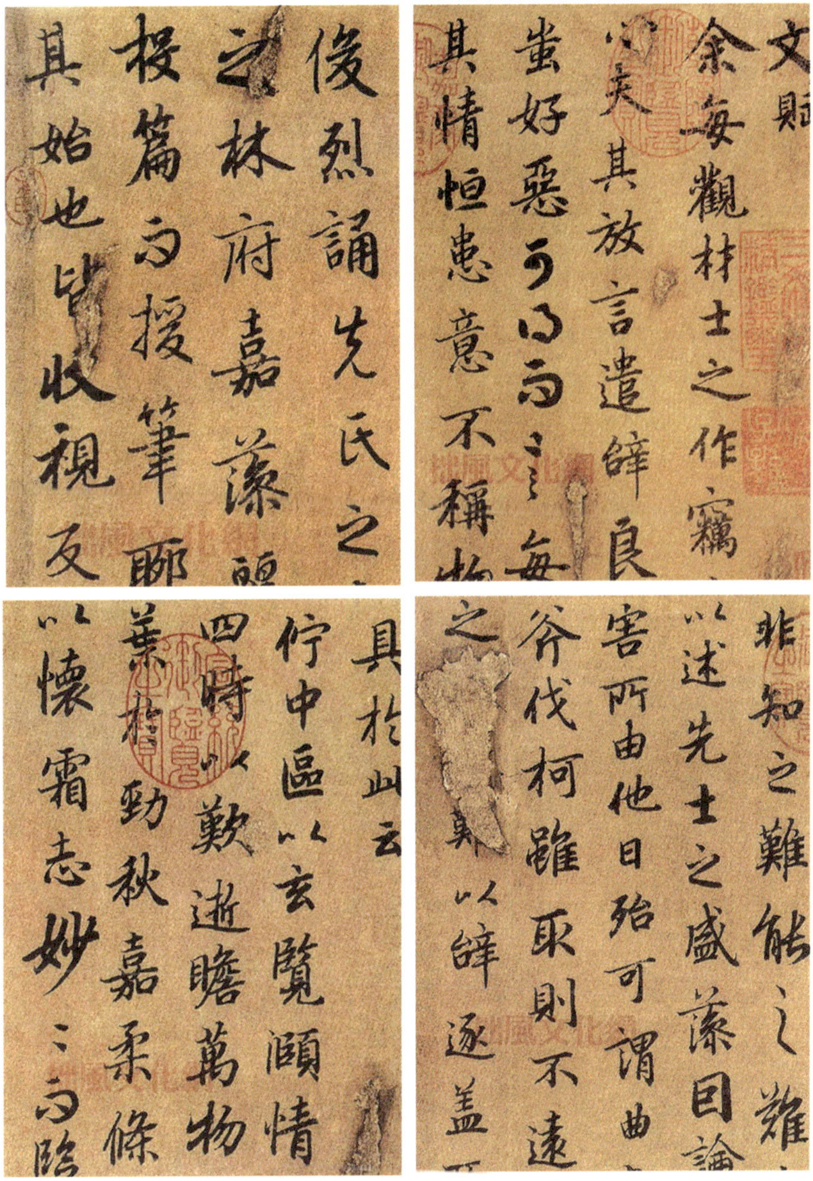

《书陆机文赋》

《书陆机文赋》的确如前人所评，在气韵格调上如出《兰亭序》，超逸神迈，清朗俊逸，平和简静，韵法双绝。用笔精到，刚柔相济；章法严谨而不失自然之灵气；骨力遒劲而不失温润圆浑。

陆机《文赋》，美文也；陆柬之《书陆机文赋》美书也，二美相并，双绝也。流美至今而深得后世书家的喜爱也就不足为奇了。陆柬之之子陆彦远，陆彦远外甥草书大家张旭都曾从其学习；元赵孟頫也深受其影响。

陆柬之传世书作很少，除《书陆机文赋》外，还有《頣陀寺碑》、《急就章》等。

精妙的怀仁《集王书圣教序》

《集王书圣教序》，唐著名书法家释怀仁集王羲之书。行书，唐咸亨三年（672）刻。三十行，每行字数不一。碑原在陕西西安弘福寺，现藏陕西西安碑林。传世拓本很多，以明张应召、沈乙盦藏本为最好。刊于《中国美术全集·书法篆刻编》（三）、《中国书法鉴赏大辞典》（上）、《中国书法全集》（十八）。

《集王书圣教序》，全称《大唐三藏圣教序》，是唐太宗李世民为表彰玄奘法师远赴西域各国求取佛经，回国后翻译佛教经典的事迹而撰写的。太子李治（高宗）撰写了附记。

怀仁，唐朝僧人，生卒年不详。太宗时居长安弘福寺，书法学习王羲之。

唐人喜爱王羲之的书法，不遗余力地推广，而当时的传播手段，不外乎摹写和集字刻碑这两种方式。

《圣教序》选集王羲之书法，正说明唐人对王羲之书法的喜爱程度。怀仁受长安诸寺庙的委托，借内府王羲之书迹，又千金悬赏天下，收集王书的个人珍藏。煞费苦心，历时二十四年，才集摹而成《集王书圣教序》。

《集王书圣教序》虽为集书，但精彩不减。因为怀仁书学的深厚造诣和严谨态度，使集字的点画气势、起落转承，充分地体现了王羲之书法的美感特征和气韵，达到了一种位置天然、章法合理、平和简静的境界，表现了王羲之书法的精神面貌。所以《集王书圣教序》也是研究王羲之书法的珍贵资料，得到历代书家的赞扬和重视。明代文学家、史学家王世贞《弇州山人稿》就曾心悦诚服地称赞："(《集王书圣教序》)极备八法之妙，真墨池之龙象，兰亭之羽翼也。"清王树《竹云题跋》中说："自唐以来，士林甚重此碑，匪直《兴福寺》、《龙阐法师》等碑为显效其体，即李北海、张司直、苏武功①亦从此夺胎。"

不过，因为是集书，字与字之间的映带呼应、整体章法构成还是缺少王书的浑然之感。怀仁为避免其中重复出现的字的字形雷同，还大胆地将王羲之的行楷，以至草书杂糅其间，虽然因此而多了生气与灵动，但某些局部多少给人以不太协调之感。但白璧微瑕，自然瑕不掩瑜，不会影响集碑整体的艺术风采，以及带给欣赏者的美感享受。《集王书圣教序》成为后世书家学习王羲之行书的重要范本。

自《集王书圣教序》后，开始盛行集王字，《兴福寺半截碑》、《观身经》等都是唐代著名的集王字碑，而以《集王书圣教序》为最佳。

注释：

①李北海即李邕，字泰和，江都（今江苏扬州）人。曾任汲郡、北海太守，人称"李北海"。唐代著名书法家。长于碑颂之文，以行草书成就最高，被誉为"书中仙手"。

张司直，即张从申，吴郡（今江苏苏州一带）人。活动于大历（766—779）年间。官至大理寺司直，人称"张司直"。唐代书法家，书法学习王羲之，擅长楷书、行书。

苏武功，莒（今山东莒县）人，五代书法家。

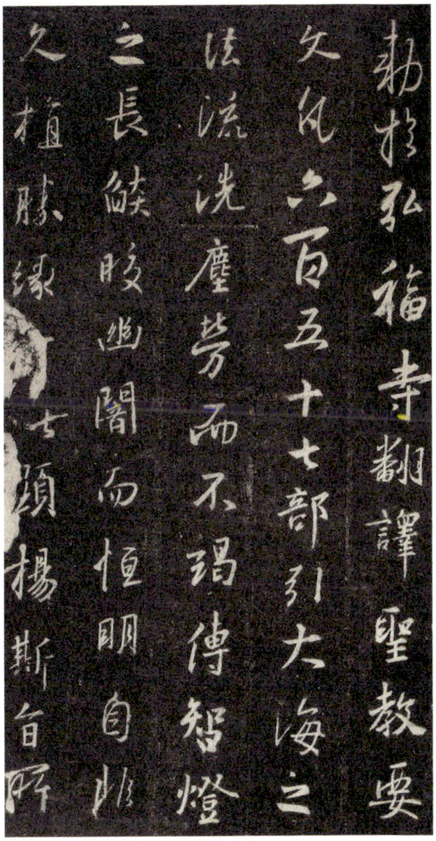
勅於弘福寺翻譯聖教要
文凡六百五十七部引大海之
法流洗塵勞而不竭傳智燈
之長燄皎幽闇而恒明自非
久植勝緣
以顯揚斯旨所

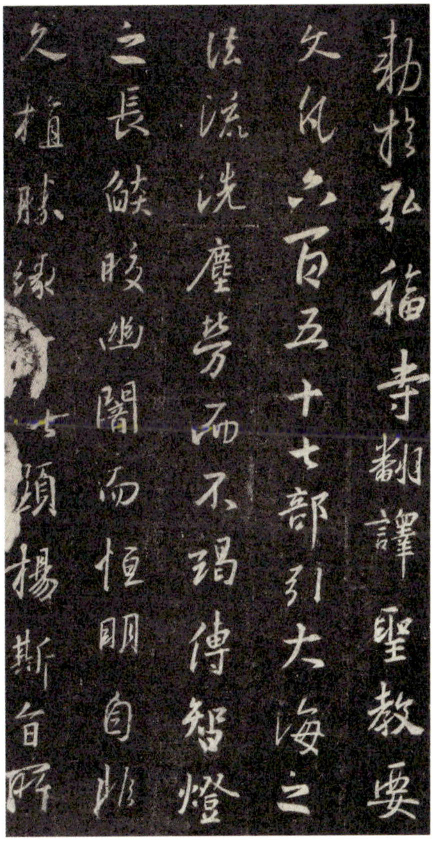
勅於弘福寺翻譯聖教要
文凡六百五十七部引大海之
法流洗塵勞而不竭傳智燈
之長燄皎幽闇而恒明自非
久植勝緣
以顯揚斯旨所

《集王书圣教序》

《书谱》艺文双绝的孙过庭

《书谱》，唐代杰出的书法家、书学理论家孙过庭著并书。草书，纸本墨迹。三百五十一行，共三千五百余字，衍文七十余字。有真迹本和刻本流传，清内府旧藏真迹本，现藏台北故宫博物院。刊于《中国美术全集·书法篆刻编》（三）、《中国书法鉴赏大辞典》（上）。

孙过庭（约648—702以前），字虔礼，一说名虔礼；吴郡（今江苏苏州一带）人（一说富阳人，或陈留人）。曾官右卫胄曹参军、率府录参军。博古通今，以草书著名。

《书谱》不仅是草书杰作，也是一篇持论精辟、文辞优美的书法理论著作，可以说是中国书法史上艺文双绝的合璧之作。《书谱》原为六篇，分两卷，现仅存上卷。

《书谱》是中国书法史上著名的书学论著，阐述了楷书、草书两种书体的功用和特点，总结并评价了历代书法家的书艺，提出了赏析标准和学习书法的方法，以尊重传统的思想来针对渐离传统的新书风。

孙过庭的草书，学习王羲之而能出新，《书谱》墨法精润，笔法娴熟，纵横洒脱，神采焕发，有着质朴而妍美的魏晋遗风。有人称其为草书美的崇高之境。

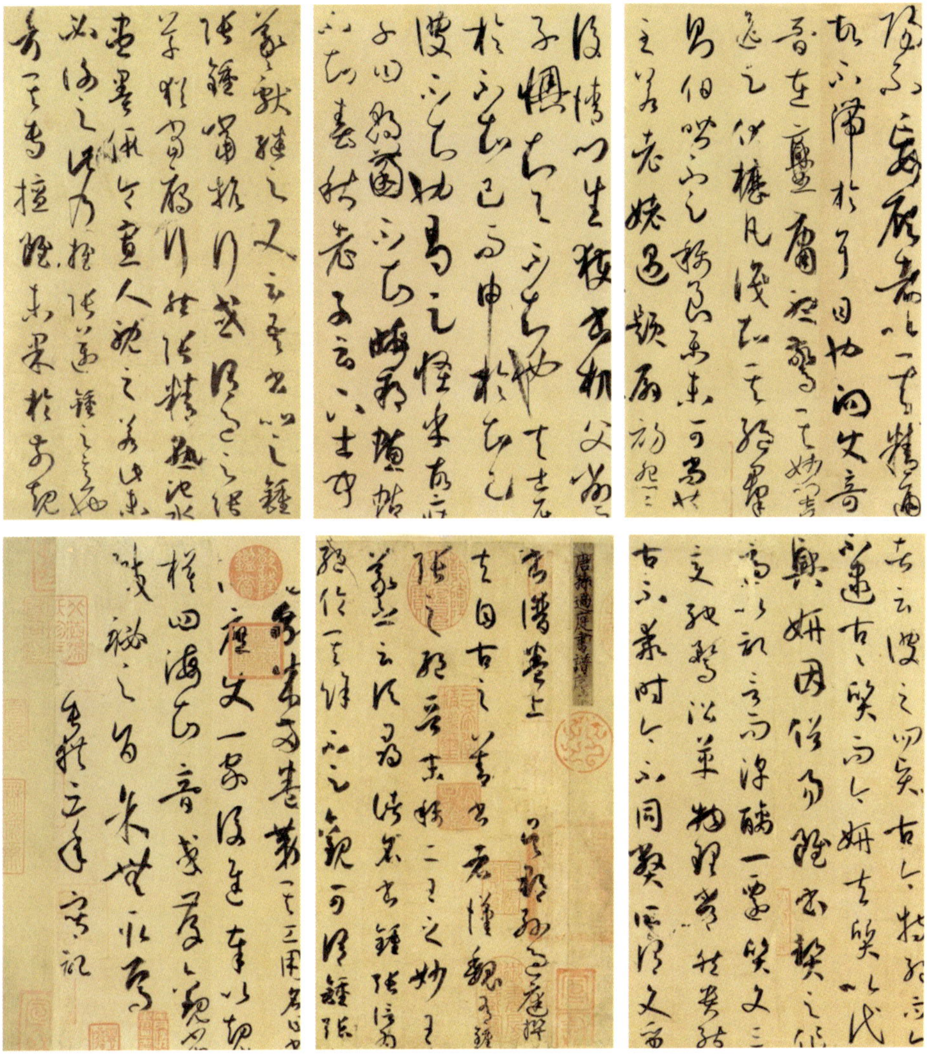

《书谱》

《书谱》用笔精熟流畅，笔势遒劲奔放；结字取法魏晋，带有章草的遗韵；运笔中锋侧锋并用，笔锋或藏或露，灵活而有生气。可以说孙过庭的《书谱》达到了书法创作的至高境界——心手双畅的无我之境。

《书谱》问世以来，得到历代书法家的青睐和好评，也成为了学习草书的入门之径。宋代米芾认为："孙过庭草书《书谱》，甚有右军法。作字落脚差近前而直，此乃过庭法。凡世称右军书有此等字，皆孙笔也。凡唐草得二王法，无出其右。"(《书史》)清人朱履贞《书学捷要》中说："惟孙虔礼草书《书谱》，全法右军，而三千七百馀言，一气贯注，笔致具存，实为草书至宝。"清孙承泽《庚子消夏记》更是对《书谱》推崇备至："唐初诸人无一不摹右军，然皆有蹊径可寻，独孙虔礼之《书谱》，天真潇洒，挥臂独行，无意求全，而无不宛合，此有唐第一妙腕。"

孙过庭传世的书法作品除《书谱》外，还有《草书千字文》、《北山移文》、《狮子赋》、《蜀都赋》、《景福殿赋》等。

浪漫狂放的张旭草书《古诗四帖》

《古诗四帖》，明董其昌鉴定为唐代杰出的书法家张旭书。草书，墨迹纸本，无款。五色彩笺，四十行，共一百八十八字。卷后有董其昌等人题跋。曾经宋宣和内府，明华夏、项元汴，清宋荦、清内府等收藏，现藏辽宁省博物馆。《宣和书谱》、《澹圃书品》、《续书画题跋记》、《式古堂书画汇考》著录，《戏鸿堂法帖》摹刻。刊于《中国美术全集·书法篆刻编》（三）、《中国书法鉴赏大辞典》（上）。

张旭，生卒年不详，吴郡（今江苏苏州一带）人。字伯高，一字季明。官至金吾长史，一说率府长史，人称“张长史”。诗书造诣深厚，尤以草书著称。《新唐书》、《旧唐书》有传。

张旭的草书被称为狂草，是唐代今草新的表现形式。唐文学家韩愈评张旭草书“变动犹鬼神，不可端倪”。《新唐书·列传第一百二十七文艺中》说：“后人论书，欧、虞、褚、陆[①]皆有异论，至张旭，无非短者。”“文宗时，诏以白（李白）歌诗、裴旻舞剑、张旭草书为‘三绝’。”古人论书，常将书法分为神、妙、能三品，宋人朱长文《续书谱》将张旭书法列为“神品”。

张旭才情奔放，与李白、贺知章等友人结为“酒中八仙”，杜甫曾做诗《饮

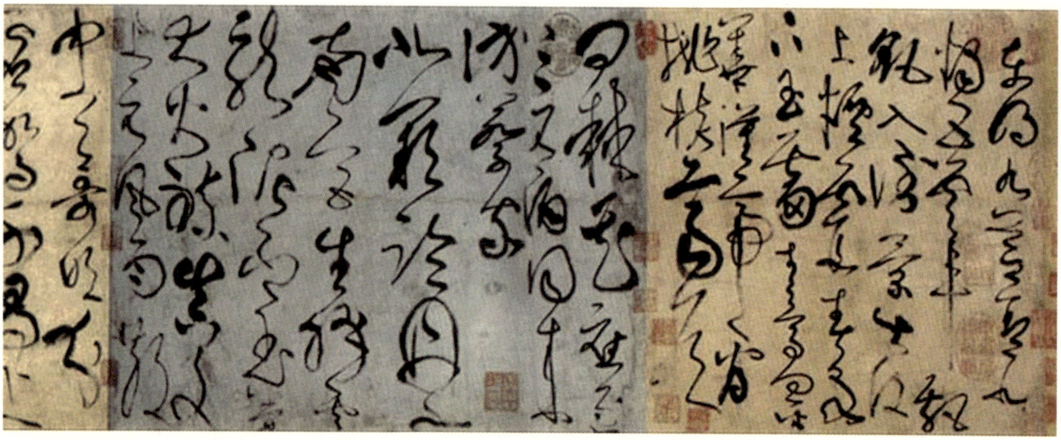

《古诗四帖》

酒中八仙歌》以赞之。据记载，张旭性嗜酒，每次大醉呼叫狂走，然后下笔作书，有时竟用头发蘸墨书写，酒醒后“自以为神，不可复得也”。杜甫诗“脱帽露顶王公前，挥毫落纸如云烟”描写的就是张旭书写时的情态，因为行为颠狂，故被称为“张颠”。

《古诗四帖》是张旭唯一流传于世的墨迹。内容为古诗四首，前两首为梁庾信的《道上步虚词》，后两首是谢灵运的《王子晋赞》、《衡山岩下见一老翁四五少年赞》。明丰道生跋：“行笔如从空掷下，俊逸流畅，焕乎天光，若非人力所为。”董其昌认为：“有悬崖坠落，急雨旋风之势。”

遗憾的是，今天我们所能见到的张旭草书除此诗帖外，还有刻本《肚痛帖》等，不能窥其全貌，对他的认识和感受，多来自典籍或后世书家、文论家及文学家的评述，从而在心中勾勒出这个伟大的浪漫主义的草书家。

《古诗四帖》纵逸奔放，笔画连绵，意象丰富，确如苏轼所言：“颓然天放，略有点画处而意态自足，号称神逸。”但其尚有白璧微瑕之感，前段初起，稍显茂密，拘谨有余，宽博不够，缺少空间感。当然，瑕不掩瑜，或许正因为此，而更富于跌宕之美，更尽变化之能事。自“齐侯问棘花”始，气势宏阔，逸势奇状。至“既见浮丘公，与尔共纷翻。岩下一老公，四五少年赞”一段，空间构成巧妙，错落有致，顾盼生姿，精彩纷呈，令人如行山阴道中，目不暇接。而“衡山采药人…… 其人必贤哲”一段，则一气呵成，酣畅淋漓，连绵不绝，起伏跌宕，却又点画自如，“变动犹鬼神”。

《古诗四帖》一点一画皆有情趣，可以说体现了中国书法节奏化了的自然，表达了对生命的体验，点画狼藉中又体现了中国书法的空间意识——章法布局，真乃佳构也。

张旭善于观察和感受自然生活而用于书法创作，见担夫争道，观公孙大娘舞剑器而得到启发，是书法史上师法自然的典范，把中国书法推向纯艺术的高峰。其草书艺术丰富了笔法的表现力，直接影响了颜真卿的书法变革，对推动唐代书法艺术的发展有杰出的贡献。

张旭的书法在当世影响很大，人们争相得其片纸只字。颜真卿、怀素等人书法皆从其来。怀素草书直接受张旭影响，以狂继颠，成为一代草书宗师。

张旭传世作品很少，草书除墨迹《古书四帖》外，还有刻本《肚痛帖》等和楷书《郎官石记序》。

注释：

①欧、虞、褚、陆，欧即欧阳询，虞即虞世南，褚即褚遂良，陆即陆柬之，都是唐代杰出的书法家。

法度精绝的张旭小楷《郎官石记序》

《郎官石记序》，全称《尚书省郎官石记序》，又称《郎官厅壁记》、《郎官石柱记》，唐代杰出的书法家张旭书，唐陈九言撰文，小楷。全篇共四百二十一字。原石早已失传，现只存序的部分。刊于《中国美术全集·书法篆刻编》（三）、《中国书法鉴赏大辞典》（上）。

张旭是以狂草著称于世的书法家，所以关注他的人，常将目光放在了他浪漫狂放的草书上，殊不知他的楷书也是非常了得的。《郎官石记序》是张旭传世的唯一的楷书作品，但足以让人们了解草书大家功力深厚的另一面。历代书法家对它评价都很高。宋文学家欧阳修《集古录》中说："旭以草书知名，而《郎官石柱记》真楷可爱。""宋四家"之一的黄庭坚在《山谷题跋》中称赞："长史《郎官厅壁记》，唐人正书，无能出其右者。"

《郎官石记序》结体方严整饬，凝重而舒和；用笔锋正势圆，笔法精绝，内含筋骨。通篇端庄闲雅，有晋人简净温婉的风范。不仅表现了张旭深厚的楷书功底，而且也让欣赏者了解了草书大家逸兴湍飞、奇势万态的草书，是源于他深厚的书法功底。正如苏东坡所说："今世称善草书者或不能真行，此大妄也。真生行，行生草，真如立，行如行，草如走（跑）。未有未能行立而能走

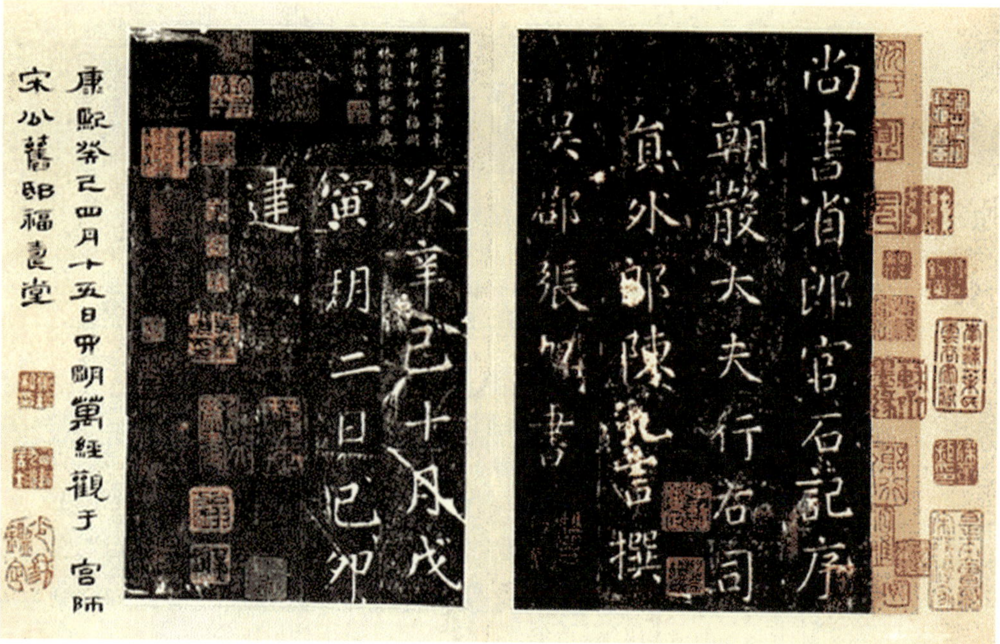

《郎官石记序》

者也。今长安犹有长史真书《郎官石记序》，作字简远如晋宋间人。”（《书唐氏六家书后》）宋《宣和书谱》中也说：“其名本以颠草，而至于小楷行书又复不减草书之妙。”

从前人的这些评论和张旭的书法，印证了中国古典文论中的观点“技生道”，由技而道是我们学习书法的必经之路。由浅入深，由法度而创新，这才是继承与创新的辩证关系。

风姿娟秀　萧散飘逸

——唐钟少京小楷《灵飞经》

《灵飞经》，明代董其昌鉴定为唐代著名书法家钟少京书。小楷，署“开元六年（738）二月”，无名款。是唐代著名的小楷之一。墨迹本现存三十四行，共六百二十五字。刻本很多，以陈氏“渤海藏真本”为最佳。刊于《中国美术全集·书法篆刻编》（三）、《中国书法鉴赏大辞典》（上）。

钟少京，生卒年不详。字可大，唐虔州赣（今江西赣州）人。官至中书令、越国公。时号“小钟”。《旧唐书》、《新唐书》有传。

钟少京书法学习二王、褚遂良、薛稷，以小楷著名。清包世臣在《艺舟双楫·历下笔潭》中盛赞钟少京书法：“如新莺，矜百啭之声。”

《灵飞经》结体雍容舒展，端庄典雅，清隽劲健，笔势圆劲。章法上字的大小长短，疏密有致，参差错落，变化自然，活泼而不失精妙；通篇字与字之间、行与行之间顾盼照应，浑然一体。虽然是楷书，却有着行书的流畅与飘逸，变化多端，于严谨之中富有荡逸之气。

《灵飞经》以其风姿娟秀、萧散飘逸而为历代书家所钟爱，学习小楷者也多以此为范本。正如清人杨守敬所说：“《灵飞经》一册，最为精劲，为世所重。”我们从元代引领书坛的赵孟頫、明代以小楷著名的书法家文征明的小楷中都

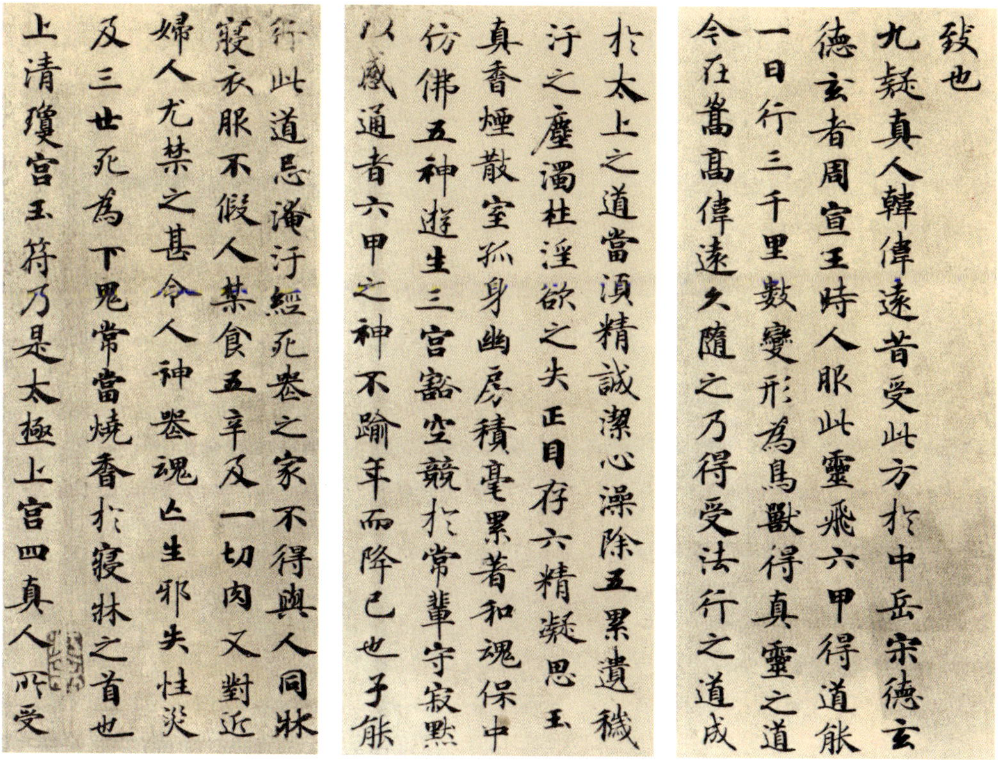

致也
九疑真人韓偉遠昔受此方於中岳宋德玄
德玄者周宣王時人服此靈飛六甲得道能
一日行三千里數變形為鳥獸得真靈之道
今在嵩高偉遠久隨之乃得受法行之道成
於太上之道當須精誠潔心澡除五累遺穢
汙之塵濁杜淫欲之失正目存六精凝思玉
真香煙散室孤身幽房積毫累著和魂保中
仿佛五神游生三宮豁空競於常輩守寂默
以感通者六甲之神不踰年而降已也子能
行此道忌淹汙經死喪之家不得與人同牀
寢衣服不假人禁食五辛及一切肉又對近
婦人尤禁之甚令人神喪魂亡生邪失性災
及三世死為下鬼常當燒香於寢牀之首也
上清瓊宮玉符乃是太極上宮四真人所受

《灵飞经》

能依稀看到《灵飞经》的影子。

钟少京传世书迹很少，除《灵飞经》外，还有《升仙太子碑碑阴题名》、《遁甲神经》等。

纵笔浩放的颜真卿

《祭侄文稿》

《祭侄文稿》，又称《祭侄赠赞善大夫季明文》，唐代杰出的书法家颜真卿书。行书，麻纸墨迹本。二十五行，共二百三十五字。现藏台北故宫博物院。《祭侄文稿》与《争坐位稿》、《祭伯父文稿》合称颜氏三稿，曾收入宋、明、清历代刻本中。刊于《中国美术全集·书法篆刻编》（三）、《中国书法鉴赏大辞典》（上）、《中国书法全集》（二十五）。

颜真卿（709—785），字清臣，琅玡临沂（今山东临沂）人。享年七十六岁（《新唐书》、《旧唐书》记为七十七岁）。曾任平原太守，世称“颜平原”；官至吏部尚书、太子太师，封鲁郡开国公，后人尊称颜鲁公；赠司徒，谥文忠。《新唐书》、《旧唐书》有传。

颜真卿历经玄、肃、代、德宗四代王朝，《旧唐书》中记载：“出入四朝，坚贞一致”，是德高望重的忠义老臣。因得罪德宗的宰相卢杞而遭到陷害，被派前往叛将李希烈处劝降，却遭遇长达两年的拘禁，后被李希烈的部下缢杀。

颜真卿擅长楷、行、草书，尤以楷书最为著名，世称“颜体”，是颜、柳、欧、赵楷书四大家之一。颜真卿书法幼承家学，初学褚遂良，后从张旭学书而得笔法，曾与张旭谈论笔法，著有《述张长史笔法十二意》传世。

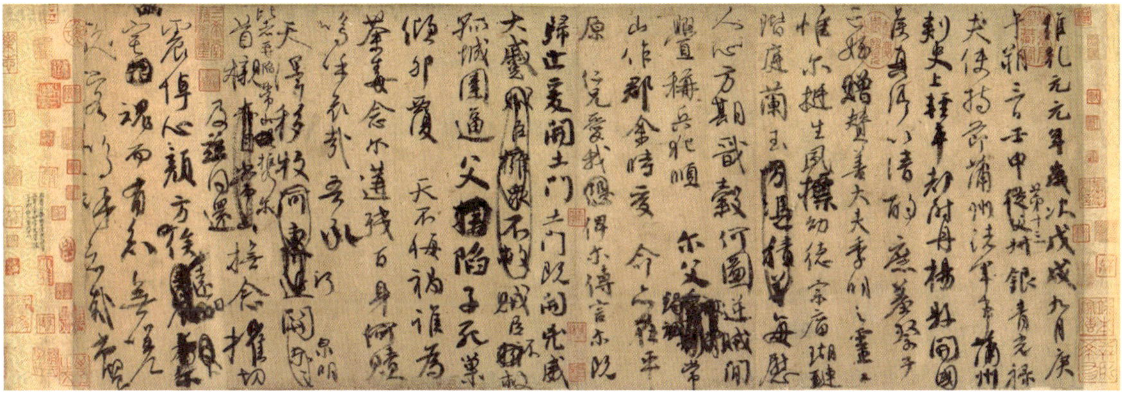

《祭侄文稿》

《祭侄文稿》是颜真卿行书的代表作品，是内容与形式完美结合的典范，被元代著名书法家鲜于枢评为天下第二行书，紧随王羲之《兰亭序》之后。《祭侄文稿》是颜真卿为追悼在安史之乱中牺牲的侄子季明所作的祭文草稿。

祭文通篇充溢着作者的悲愤激情，点画飞动，姿态雄奇，或凝重迟涩，或流丽遒劲，痛快淋漓，气韵贯通，自然天放，生花妙笔似有神助。其中虽有涂抹，章法却因而生意外之美，有自然生动之趣，成了篇章中不可或缺的组成部分。以至后人摹写此篇，也常常保留这些涂抹之处。

作者奋笔疾书，悲愤之情汇于笔底毫端。笔飞墨舞间抒发着郁结胸中的悲愤与哀思，全无笔墨营造之意。情感的起伏跌宕化作笔下或粗或细或浓或淡的线条，这飞舞的线条犹如一个个律动的生命音符，汇集成章，宛若一首悲怆的交响乐。宋人陈铎曾详细地分析了《祭侄文稿》的书写过程，谓“以情著文，以情挥写”，不仅文字的流程记录着作者的情感变化，而且笔墨的抑扬顿挫也同样反映着作者的情感心绪的变化。

元张晏在题《祭侄文稿》题跋中说：“(颜真卿)告不如书简。书简不如起草。盖以告是官作。虽端楷终为绳约。书简出于一时之意兴，则颇能放纵矣。而起草又出于无心，是其心手两忘。真妙见于此也。”宋人陈深评曰：“《祭侄季明文稿》，纵笔浩放，一泻千里；时出遒劲，杂以流丽；或若篆籀，或若镌刻，其妙解处，殆若天造，岂非当时注思为文，而于字画无意于工，而反极工耶?”“心手两忘”，“无意于工，而反极工耶”，道明了书法艺术创作的规律之一——无意于佳乃佳，不求工而自工。当艺术修养达到一定高度时，书法创作并不都是“胸有成竹”、“意在笔先”。“书初无意于佳乃佳尔”(苏东坡语)，正所谓无法有法，无为而为。其中的玄机正如郑板桥所言:“意在笔先者，定则也;趣在法外者，化机也。”(《郑板桥画竹》)

一件书法作品能为历代书家、评者宝爱而无异议，在书法史上也不多见，颜真卿的《祭侄文稿》就是其中之一。这里除却《祭侄文稿》本身的艺术价值因素之外，另一个重要的因素便是中国传统的书学理论从伦理道德来观照书艺，即以人品观照书品。如沈鹏先生在《宗师：通会与独创》一文中，概括汉字文化圈内对书法与书法家的要求具有的共同性："评论书法家，由人品下观书艺，再从书艺优劣求人品。"

宋黄庭坚在《山谷题跋》中评曰："鲁公《祭侄季明文》文章字法皆能动人，正义凛凛，有使人不忍卒读之感。"清王项龄在《祭侄文稿》题跋中说："鲁公忠义光日月。书法冠唐贤。片纸只字，是为传世之宝。况祭侄文尤为忠愤所激发，至性所郁结，岂止笔精墨妙，可以振铄千古者乎。"柳公权在与唐太宗论笔法时也曾言"心正则笔正"。宋人朱长文在其《续书断》序中开篇即表明："夫书者，英杰之余事，文章之急务也。虽其为道，贤不肖皆可学，然贤者能之常多，不肖者能之常少也。"可谓此中代表。

颜真卿书法融篆籀笔意，又有北碑的拙朴严正之风，一扫秀润清雅的遗风，大气磅礴，雄厚刚健，开创了"二王"以外新的书风，是中国书法史上的又一次大的变革，具有划时代的意义。

颜真卿传世作品很多，著名且对后世影响深远的楷书作品有《颜勤礼碑》、《麻姑仙坛记》、《千福寺多宝塔》、《颜家庙碑》、《东方朔画像赞》、《自书告身帖》、《大唐中兴颂》、《裴将军诗》等。行书墨迹除《祭侄文稿》外，还有《刘中使帖》、《争座位帖》(《与郭仆射书》、《论座位帖》)等。

以狂继颠的怀素草书
《自叙帖》

《自叙帖》，唐代杰出的书法家释怀素书。草书，墨迹纸本。一百六十二行，共六百九十八字。首六行早损，为宋书法家苏舜钦补书。现藏台北故宫博物院。刊于《中国美术全集·书法篆刻编》（三）、《中国书法鉴赏大辞典》（上）。

释怀素（一说为725—785，另一说737—799），字藏真，俗姓钱，长沙人，自幼出家为僧。

怀素擅长草书，生性疏放不拘。嗜酒，酒酣兴发，遇寺院墙壁，衣服器皿无不书写。“醉来信手两三行，醒后却书书不得”，“人人欲问此中妙，怀素自言初不知。”相传怀素学书精诚刻苦，家贫无纸，就在居处广植芭蕉，在芭蕉叶上练字，而他用坏的笔头堆积如冢，人称“笔冢”。

怀素书法学习张芝、颜真卿，他的草书“援笔制电，随手万变”（唐人吕总），而法度自备。怀素延续张旭的狂草精神而有创造性的发展，形成自己独特的书法风貌。

怀素《自叙帖》自述了学书的经历，和当时士大夫对他书法的品评及赞颂，是怀素中年草书的代表作，也是他流传下来篇幅最长的作品。洋洋数百言，却一气呵成，如天马行空，游行自在，一片神机。用笔圆转奔放，落笔如急风骤雨，纯任自然，纵意抒情；线条圆润劲健，流畅婉转如春蚓秋蛇，变幻莫测；墨气温润而精彩动人；章法纵横变化，奥妙绝伦有不可形容之势。正如宋《宣和书谱》所评："字字飞动，圆转之妙，宛若有神。"

《自叙帖》虽然纵情狂放，但却笔笔中锋，如"锥划沙"①，纵横斜直无往不收。所以明代著名书法家文征明说："藏真书如散僧入圣，狂怪处无一点不合轨范。"

应该说《自叙帖》的后半部分是全篇最为精彩也最为动人的段落。这与书法艺术创作的规律有关，也与书写的内容有关，更与书写者的心境有关。《自叙帖》前半部分是在自叙学书经历和创作过程，而后半部分是西行游学长安，逐渐得到肯定而受到当时书坛巨擘们的赞颂，以及自我价值的肯定。一般来说，书法创作初则平整，随着书写和作者心绪的转换，渐入佳境而精彩纷呈，以至心手相忘，而达到创作的至高境界——无我之境。《自叙帖》的创作过程正是如此。

"奔蛇走虺势入座，骤雨旋风声满堂"，张旭的诗形象地描绘了激情澎湃、豪情勃发的草书大家纵笔挥毫的情景，使人读来如临其境、如观其书。两位草

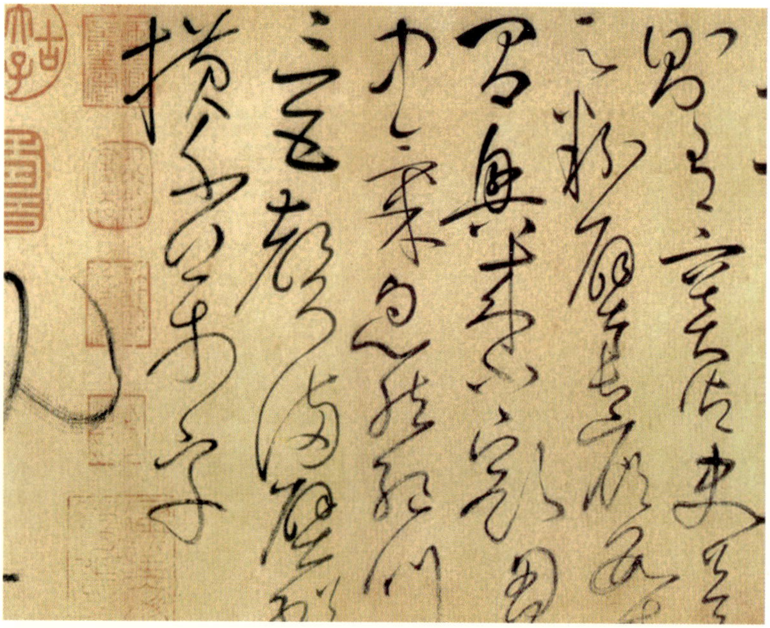

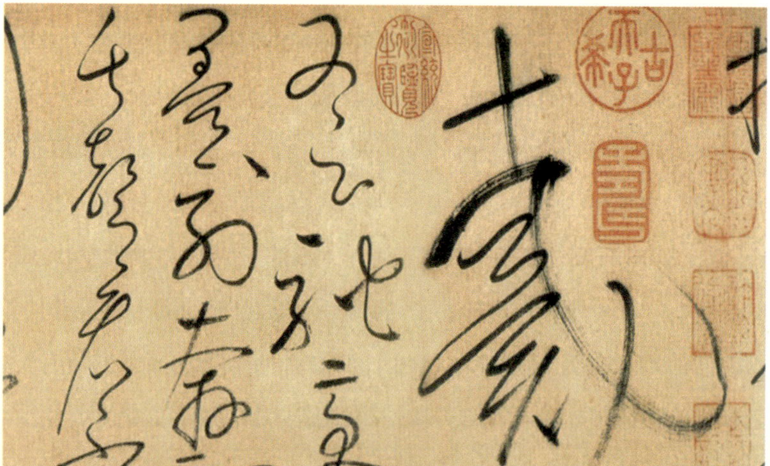

《自叙帖》局部

书大家相会于此，应该是最为惺惺相惜、心神相通的吧。故“宋四家”之一的黄庭坚说：“此两人者，一代草书之冠冕也。”怀素“以狂继颠”，便有了“颠张狂素”之称。

怀素存世草书墨迹很多，除《自叙帖》外，还有《论书帖》、《圣母帖》、《苦笋帖》、《食鱼帖》、《藏真律公帖》、《千字文》等。

注释：

①锥划沙，“锥画沙”与“屋漏痕”、“折钗股”、“印印泥”一样，都是前人从生活和自然中悟出的书法点画的写法，都是非常形象化的比喻。“锥画沙”，语出颜鲁公《述张长史笔法十二意》一文。

萧散有致的杨凝式行书《韭花帖》

《韭花帖》，五代杰出的书法家杨凝式书。行书，纸本墨迹，尺牍。七行，共六十三字。刊于《中国美术全集·书法篆刻编》(三)、《中国书法鉴赏大辞典》(上)。

杨凝式（873—954），字景度，号“杨虚白”、“希维居士”、“关西老农”，华阴（今陕西华阴）人。唐咸通十五年癸巳生，故自称“癸巳人”。因其行事怪诞，人称“杨风子”。历仕五代为官。《五代史》有传。

杨凝式的书法被公认为五代书家第一人。他在唐代谨严书风的笼罩下，扬起了纵逸抒情的风帆，在书法史上是由唐入宋承上启下的书法家，为宋人“尚意”书风开启了先河，“宋四家”蔡襄、苏轼、黄庭坚、米芾[①]无不受其影响。

杨凝式擅长楷书、行书、草书。他的书法学习“欧阳询、颜真卿，加以放纵”(《唐诗外传》)，又上溯王羲之、王献之父子，后脱尽“二王”面目，而独得其神韵。杨凝式书法深入法度之中，又超法度之外，纵意抒情，具有独特的审美价值，所以宋黄庭坚说“凝式如散僧入圣”。

《韭花帖》是杨凝式为答谢友人馈赠美味韭花而写的致谢书信。通篇文字洋溢着作者轻松愉悦而又高昂的热情，萧散闲适的心境溢于言表。其书法更

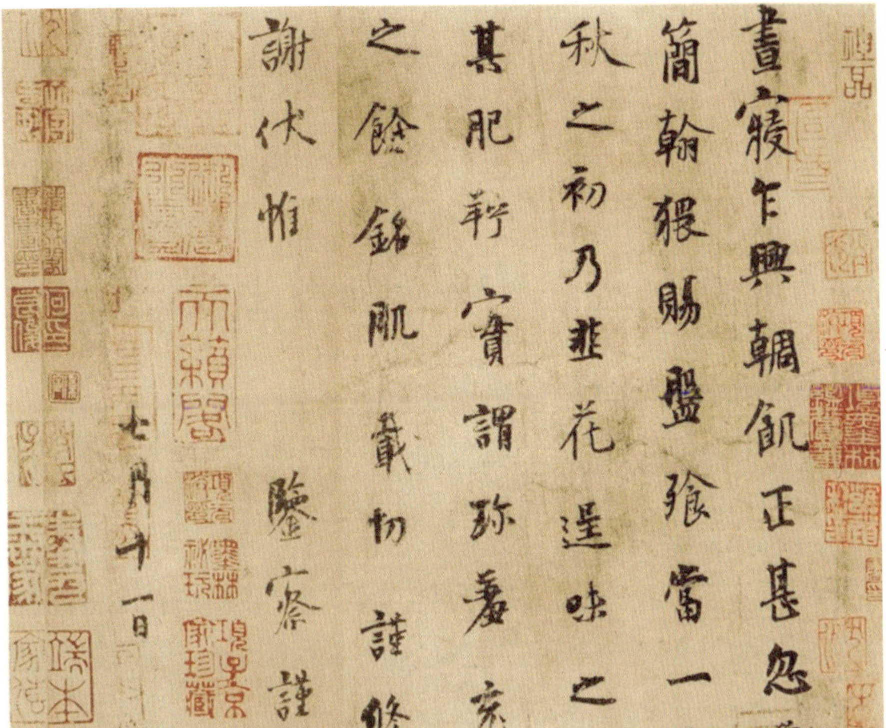

晝寢乍興輖飢正甚忽蒙
簡翰猥賜盤飧當一葉報
秋之初乃韭花逞味之始助
其肥羜實謂珍羞充腹
之餘銘肌載切謹修狀陳
謝伏惟
鑒察謹狀
七月十一日　狀

《韭花帖》

是令人称绝。杨凝式“长于歌诗，善于笔札”，这信手随笔的书札便成了书法史上不可多得的千古佳作。

《韭花帖》欹侧多姿，萧散有致。宽疏、散朗的布白是其最为夺人眼目的特征。字与字之间、行与行之间留有大片的空白，这在行书作品中可谓奇特之极。然其字间含蓄的顾盼，又气脉贯通。

平中寓奇的结体则是《韭花帖》最为突出，也最令人叫绝之处。它把紧密与散朗这一对矛盾统一于一体，却没有丝毫的牵强，反而给人以自然天成的感觉，奇趣盎然。

《韭花帖》通篇形态宛若一个闲雅名士，一举手，一投足，无不雅逸风流，沉静自若。散落的布白与平中寓奇的结体，相得益彰，作者萧散闲适的心境跃然纸上。无论是从书法本身，还是文字内容，你都能真切地感受到作者这种散淡的心境。黄庭坚曾诗赞杨凝式：

世人尽学兰亭面，
欲换凡骨无金丹。
谁知洛阳杨风子，
下笔便到乌丝栏。

杨凝式平生喜好游历，虽历仕五代，但常称病闲居，云游四方，尤其喜欢遨游佛道祠。每遇山水胜迹，便流连吟咏，挥笔题壁，且吟且书，神采飞扬处若与神会。因他的书法多留在了寺庙的墙壁或残垣断壁上，所以传世的墨迹很少，除《韭花帖》外，还有行书《卢鸿草堂十志图跋》，草书《神仙起居法》、《夏热帖》等。

注释：

①“宋四家”，苏东坡、黄庭坚、米芾、蔡襄。他们是宋代书法的代表人物。在“宋四家”中，除蔡襄尚存“尚法”书风外，其余三家都是尚意书风的典范。宋人论书多以得“真意”、“天趣”为高，强调个人性情和意趣的自然流露。尚意的书法家追求不为古法所限制，以追求自我意趣的表达，他们在书法史上的贡献是把书法艺术由“尚法”推向了“尚意”抒情，对后世产生了深远的影响。

清秀圆劲 温文尔雅

——蔡襄行书《虹县帖》

《虹县帖》，又称《郎中帖》。“宋四家”之一的蔡襄书。行书，纸本墨迹，尺牍。十三行，共一百七十九字。现藏台北故宫博物院。《石渠宝笈》著录。刊于《中国书法鉴赏大辞典》（上）、《中国书法全集》（三十二）。

蔡襄（1012—1067），字君谟，兴化仙游（今福建仙游）人。官至端明殿学士，故又称蔡端明。谥忠惠。《宋史》有传。

蔡襄擅长行书、楷书、草书，尤以行书成就最高。他继承蔡邕所创的“散隶”，“又以散笔作草书，谓之散草，或飞草，其法皆生于飞白，亦自成一家”（宋沈括）。

宋代是集行书大成的时代，代表着宋代书法高峰的“宋四家”苏、黄、米、蔡大都是以行书著称者。虽然同列四家，但蔡襄与苏、黄、米三家在学习传统的基础上别开生面而自成风格不同，他的书法是深入传统，延续传统，表现了他对魏晋书法古典美的领悟，给人以轻松流美之感。

蔡襄书法取法二王、颜真卿、杨凝式，笔触细腻而平和适意，深得晋人风流蕴藉之气。《虹县帖》线条流畅，清秀圆劲，气息平和中透着灵巧活泼，温文尔雅中透出妍丽华贵，笔致流美温润、格调纯淡雅净，是蔡襄行书中的代表

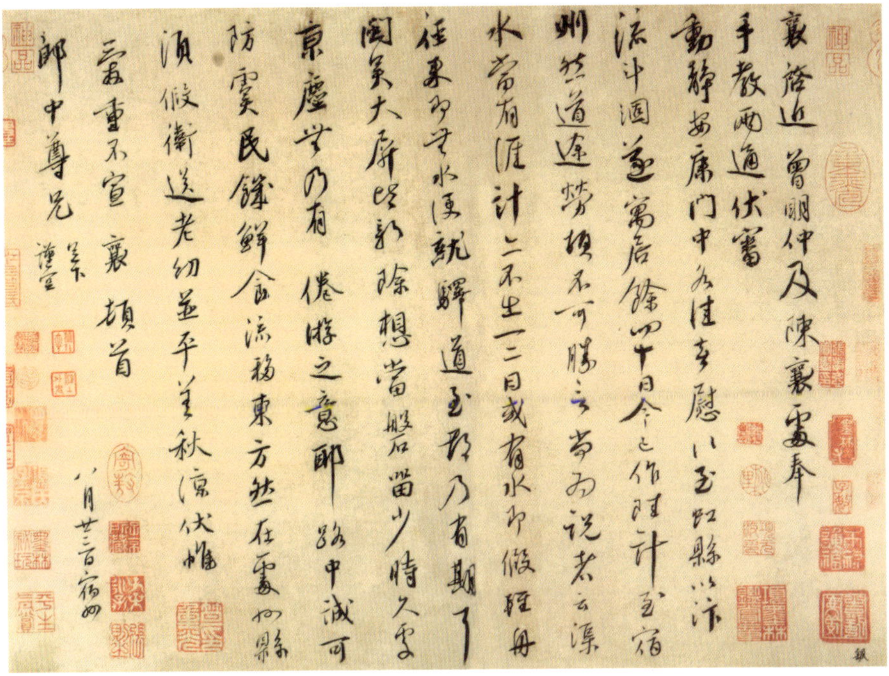

《虹县帖》

作品。

关于蔡襄书法的艺术成就，前人评价很多，褒赞多于臧否。赞扬者以当朝的苏轼、欧阳修、黄庭坚为代表，苏轼认为蔡襄书法“本朝第一”。明人盛时泰在《苍澜轩碑跋》中说：“宋世称能书者，四家独盛。然四家中，苏蕴藉，黄流丽，米峭拔，皆令人敛衽，而蔡公又独以浑厚居上。”而明人陶宗仪《书史会要》则认为：“（蔡襄）笔甚劲，而姿媚有余。”这些评论都自有其道理，只是评价的角度不同。客观地说蔡襄的书法纯淡温雅、雍容华贵，深得魏晋书法古典美之意韵，但相对四家中的其他三家而言还是少了新意，险劲亦不足。

蔡襄传世墨迹多为尺牍作品，除《虹县帖》外，还有《谢赐御书诗表卷》、《颜真卿自书告身跋》、《茶录》、《暑热帖》、《脚气帖》、《连日山中》等。

结法遒美　气韵生动

——苏东坡《黄州寒食诗帖》

《黄州寒食诗帖》，是“宋四家”之一的苏东坡的代表作品。行书，纸本墨迹。五言诗二首，十七行，共一百零九字。现藏台北故宫博物院。刊于《中国美术全集·书法篆刻编》(四)、《中国书法全集》(三十三)、《中国书法鉴赏大辞典》(上)。

苏轼(1037—1101)，字子瞻，号东坡居士，眉州眉山(今四川眉山县)人。官至礼部尚书，谥文忠。北宋著名的文学家、书画家。《宋史》有传。

苏轼不仅书法与蔡襄、黄庭坚、米芾并称“宋四家”，为尚意书风和文人画的典范，宋代尚意新风的领袖；而且也是文学史上的“唐宋八大家”之一。其父苏洵、弟苏辙，皆有文名，号“三苏”。

关于苏轼书法渊源，据黄庭坚《山谷集》记载：“东坡道人，少日学兰亭，故其书姿媚似徐季海①。至酒酣放浪，意忘工拙，字特瘦劲似柳诚悬②。中岁喜学颜鲁公、杨风子书，其合处不减李北海③。”观苏轼书法，可知其广学博取，但于传统的学习借鉴，重神不重形，体现了宋人尚“意”——“言有尽而意无穷”的美学精神。正如他自己所说：“我书意造本无法，点画信手烦推求。”黄庭坚认为苏轼“本朝善书，自当推为第一”。(《山谷集》)

苏轼擅长楷书、行书，“真（楷）行相半”，其书外柔内刚，“结法遒美，气韵生动”（清王世贞语）。传世书作以翰札行书居多，也最具代表性。

《黄州寒食诗帖》作于苏东坡因宋朝最大的文字狱“乌台诗案”[④]，贬谪黄州的第三个寒食节。作者感叹两月来的凄风苦雨，海棠花零落成泥，“何殊病少年，病起头已白”。病起头已白的东坡居士，虽有乐天的精神和超物质的情怀，有着襟怀旷远、识度明达的精神，但黄州物质生活的困苦却是实实在在的、无法回避的现实：“空庖煮寒菜，破灶烧湿苇。”他为之耿耿夜不能寐，“那知是寒食，但见乌衔纸”。只有将这一腔错综复杂的情思，倾泻于笔墨之中。

《黄州寒食诗帖》从头至尾气脉贯通，一气呵成，笔墨随作者情绪的变化而起伏跌宕。初则平和，继而“年年欲惜春，春去不容惜。今年又苦雨，两月秋萧瑟……”随着作者情绪的振荡，笔走龙蛇，线条愈加飞动，起顿迅疾，点画由细而渐粗壮，昭示着作者心绪变化的轨迹。“君门深九重，坟墓在万里。也拟哭途穷，死灰吹不起。”情绪高昂到了顶点，却戛然而止，余韵袅袅。

作者下笔时的注意力全在抒发心中郁结的情思，而不在笔墨结构的营造，下笔似有神助，求意趣于法度之外，纵意而又在法度之内，恰也印证了作者的著名书论观点“书初无意于佳乃佳尔”。《黄州寒食诗帖》可谓艺文合璧的典范。

《黄州寒食诗帖》在书法史上的审美价值远在文本之上，正合皎然所说：“但见性情，不睹文字。”董其昌在跋语中叹曰：“余生平见东坡先生真迹不下三十余卷，必以此为甲观。”《黄州寒食诗帖》代表了苏轼行书的最高成就，被喻为天下第三行书。

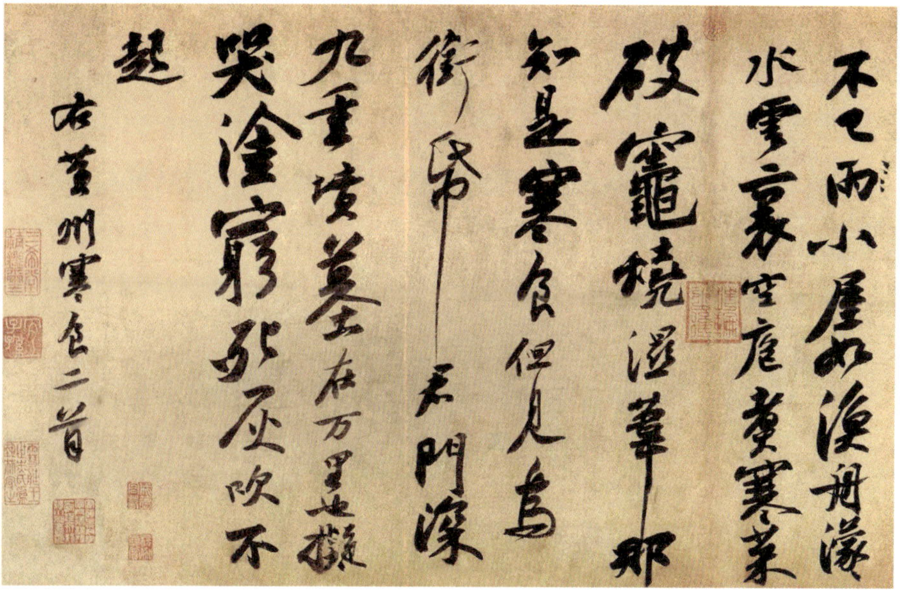
不已雨小屋如漁舟濛
水雲裏空庖煮寒菜
破竈燒濕葦那
知是寒食但見烏
銜紙君門深
九重墳墓在万里也擬
哭塗窮死灰吹不
起
右黄州寒食二首

《黄州寒食诗帖》

苏轼书法在宋代影响很大，人书并尊，时人争相得其书迹。不仅其弟兄子侄子由、迈、过等人向他学习书法，友人王定国、赵令畤等也从他学习书法。后世书家李纲、陆游、吴宽、张之洞、赵朴初等书法深受其影响。

苏东坡传世书迹很多，除《黄州寒食诗帖》外，还有《前后赤壁赋》、《洞庭春色赋》、《中山松醪赋》、《答谢民师论文帖》、《醉翁亭记》、《李白仙诗卷》、《天际乌云帖》等。

注释：

① 徐季海即徐杰，唐代书法家。季海是他的字。精于楷法，圆劲厚重。

②柳诚悬即柳公权，唐书法家。诚悬是他的字。因官至太子少师，故世称“柳少师”。柳公权擅长楷、行、草书，以楷书成就最高，世称“柳体”，为楷书四大家之一。

③李北海即李邕，唐代书法家。字泰和，曾任汲郡、北海太守，人称“李北海”。长于碑颂之文，以行草书成就最高，被誉为“书中仙手”。李邕书法在行楷之间，用笔深厚坚劲，峭拔凌厉而不失法度，出自“二王”又别开生面。

④ 乌台诗案是北宋年间的一场文字狱。御史中丞李定、舒亶、何正臣等人摘取苏轼诗文，以谤讪新政的罪名逮捕了苏轼。所谓“乌台”，即御史台，因官署内遍植柏树，又称“柏台”。柏树上常有乌鸦栖息筑巢，乃称乌台。这案件先由监察御史告发，后在御史台狱受审。所以此案称为“乌台诗案”。

笔圆而韵胜的苏轼《洞庭春色赋》

《洞庭春色赋》，宋苏轼文并书。行书，纸本墨迹。三十二行，共二百八十七字。清初为安岐所藏，乾隆时入清内府，刻入《三希堂法帖》。溥仪逊位，被辗转藏入长春伪帝宫，一九四五年散失民间。现藏吉林省博物馆。刊于《中国书法全集》（三十四）、《中国书法鉴赏大辞典》（上）。

苏轼《洞庭春色赋》同他的《黄州寒食诗帖》一样，也是内容与形式完美结合的作品，文辞与笔墨相得益彰。正如黄庭坚在《山谷集》中所说："笔圆而韵胜，挟以文章妙天下。"

苏轼的书法看似平实朴素，但却有一股秋风荡荡的气势，就像他渊博的学问一样，沉雄而肉丰骨劲，常有天真烂漫的率真之处，正如他本人所言"颓然天放"。可以说他的书法是宋代"尚意"书风的典范。

《洞庭春色赋》点画精妍秀润，圆劲雍容；章法跌宕自然，尤其转折与挑钩之处，用笔凝重却又从容不迫；结体朴实无华而又舒展，稳重之中又有姿态，显得绰然大方。通篇笔意雄劲，姿态闲雅，潇洒有韵致。在泉涌的文思和深

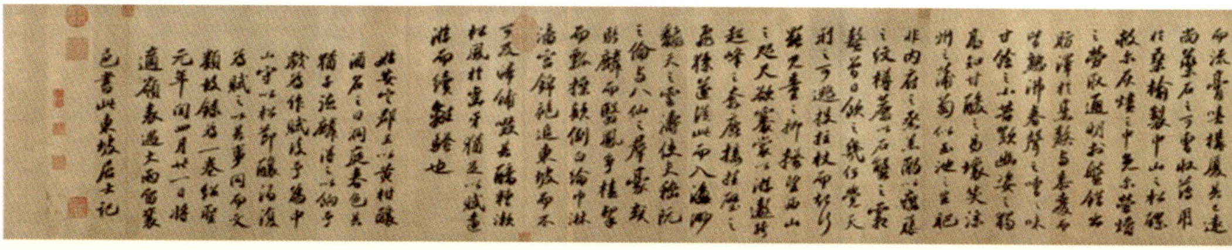

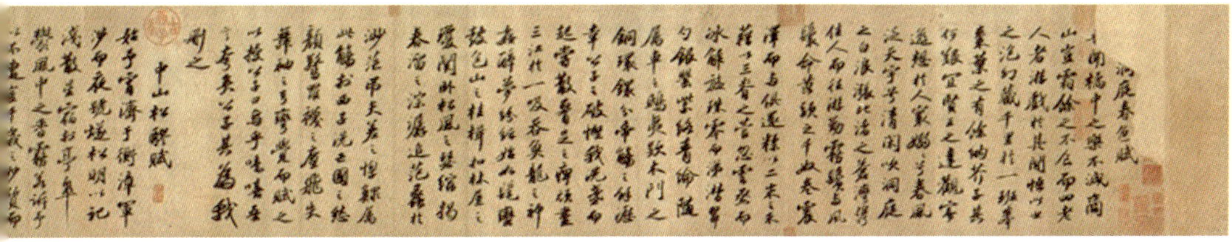

《洞庭春色赋》与《中山松醪赋》

厚的书法功力的作用下，作者饱浸情感的笔墨将欣赏者带入了一个“羽化而登仙”的境界。

《洞庭春色赋》与苏轼的另一篇艺文双佳的《中山松醪赋》并后记，接裱在一起，两文合并，而成为苏轼传世墨迹中字数最多的作品。

丰姿跌宕　豪纵奇逸

——黄庭坚草书《李白忆旧游诗卷》

《李白忆旧游诗卷》，“宋四家”之一的黄庭坚书。草书，纸本墨迹。卷前残缺八十字，无书写年款。现藏日本京都藤井斋成舍有邻馆。刊于《中国美术全集·书法篆刻编》（四）、《中国书法全集》（三十五）、《中国书法鉴赏大辞典》（上）。

黄庭坚（1045—1105），字鲁直，号山谷道人，又号涪翁、黔安居士，世称“黄山谷”，洪州分宁（现江西修水）人。官至北京国子监教授、校书郎、秘书丞、涪州别驾、黔州安置等。《宋史》有传。

黄庭坚不仅是宋代杰出的书法家，位列宋四家；而且也是北宋著名的诗人，江西诗派的领袖，与秦观、张耒、晁补之同游苏轼门下，并称“苏门四学士”；并以诗与苏轼齐名，人称“苏黄”。

晋人尚韵，唐人尚法，宋人尚意，黄庭坚是尚意书风的倡导者和主要书家，主张“入古出新”。他的书法由五代杨凝式，唐代褚遂良、颜真卿、柳公权、张旭、怀素而上溯魏晋。《宋史·黄庭坚传》中记载“善行、草书，楷法自成一家”，以草书成就最高，在“宋四家”中以险峻著称，是宋代草书的杰出代表。相传黄庭坚有不择纸笔的功力，善用软毫，虽然笔软但线条却劲健有力，故有黄庭

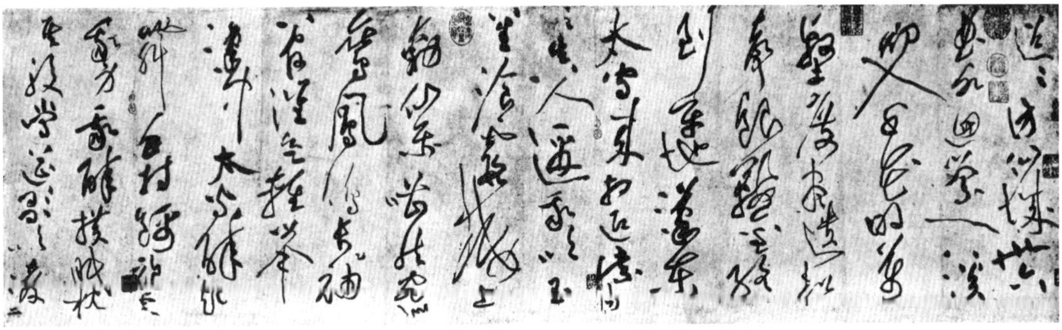

《李白忆旧游诗卷》

坚开后代用羊毫法门之说。

关于《李白忆旧游诗卷》书写的时间，据明代书画家沈周考定为黄庭坚在绍圣年间（1094—1098）被贬黔中后所书，是他晚年的草书代表作。诚如沈周在《李白忆旧游诗卷》的题跋中所说："山谷书法，晚年大得藏真（怀素）三昧，此笔力恍惚，出神入鬼，谓之'草圣'宜焉！"黄庭坚晚年草书深得张旭、怀素草书飞动洒脱的神韵，而神采飞扬若与神会。

《李白忆旧游诗卷》沉雄超迈，丰姿跌宕，豪纵奇逸，正与诗仙的这首浪漫抒情的诗文相吻合，达到了完美和谐的艺术境界。观此诗卷可以想见作者为诗境所感染而生发的强烈而奔放的创作激情。

《李白忆旧游诗卷》用笔瘦硬劲健，寓刚于柔，含蓄而凝练；结字中宫紧敛而四面放纵，瘦劲奇崛而气势雄健；笔势峻拔开张，变化多端，起伏自然；点画飘逸，迟速变化巧妙；章法上字之大小欹正，线条之长短粗细，参差错落而节奏分明。

黄庭坚的草书与晋唐草书相比个性更鲜明，不仅形象之异、神态之奇，而且在流畅中更多了迟涩之感，更重线条的质感，字里行间充溢着高情逸致，而以《李白忆旧游诗卷》韵致最高。

黄庭坚一生创作颇丰，传世的草书作品除《李白忆旧游诗卷》外，著名的草书作品还有长卷《诸上座》、《花气诗帖》、《廉颇蔺相如传卷》、《刘梦得竹枝词卷》等。

长枪大戟的黄庭坚行书《松风阁诗卷》

《松风阁诗卷》，宋黄庭坚书。行书，墨迹纸本。 二十九行，一百五十三字。现藏台北故宫博物院。《墨缘汇观》、《石渠宝笈》著录。刊于台湾《故宫历代法书全集》（二）、《中国美术全集·书法篆刻编》（四）、《中国书法全集》（三十五）、《中国书法鉴赏大辞典》（上）。

《松风阁诗卷》作于崇宁元年，这时的黄庭坚五十八岁，正值他书法创作炉火纯青的巅峰时期。

此时的黄庭坚正遭遇贬谪，经过湖北鄂城县的樊山，见此地风景优美，犹有松林中的阁楼，阵阵松涛传来，而触景生情。以“松风”命阁，又吟诵了一首《松风阁诗》，借景一抒胸中的块垒。

在诗中黄庭坚借景抒怀，怀念逝去的东坡道人，思念久不相见的友人，虽然身陷逆旅，但字里行间流露着诗人旷达的情怀。以行书的从容不迫来表现诗人的淡定，可谓艺文双合。黄庭坚一生创作了数以千百的行书作品，其中最负盛名的还是《松风阁诗卷》。

黄庭坚的行书有欹侧取势的特点，用笔中锋直落，擒纵自如而线条凝练，左顾右盼，动静结合。有人用“长枪大戟”来形容黄庭坚的行书，是非常形象生动而贴切的。

从《松风阁诗卷》正可以体会他行书的风格特点。通篇沉着痛快，风神洒脱。虽长波大撇，提顿起伏，一波三折，却又沉着稳健，从容不迫。虽起笔收笔保留着楷书的笔法，但却有着变化自然、得心应手的流畅之感。运笔平和沉稳，轻顿慢提，含蓄有度，然而提按、起伏、俯仰，又变化多姿，特别是偶然出现的飞白，更显其松动灵巧。

黄庭坚行书的代表作除《松风阁诗卷》外，还有《王长者墓志铭》、《雪寒帖》、《寒山子庞居士诗卷》、《经伏波神祠诗》、《苏轼黄州寒食诗帖跋》等。

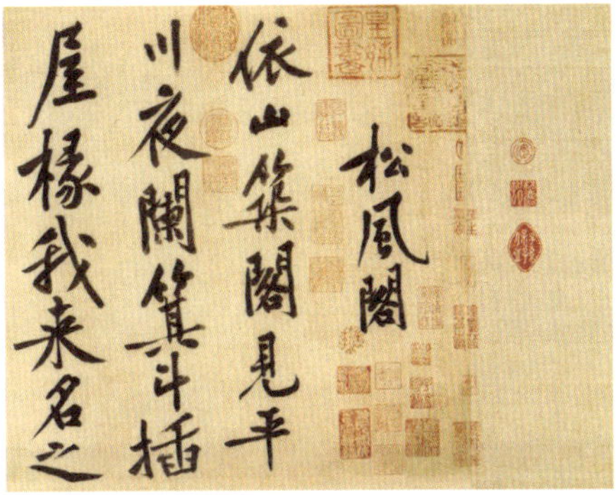
松風閣
依山築閣見平
川夜闌箕斗插
屋椽我來名之

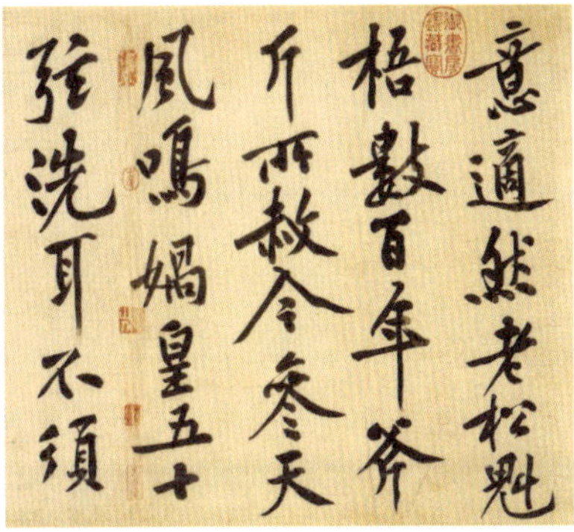
意適然老松魁
梧數百年斧
斤所赦今冬天
風鳴媧皇五十
弦洗耳不須

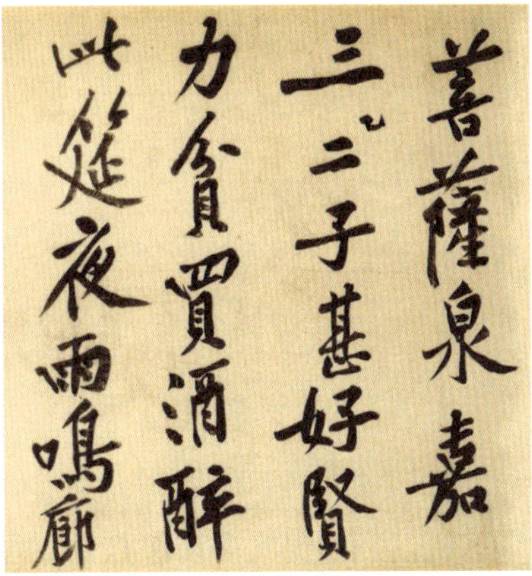
菩薩泉嘉
三二子甚好賢
力貧買酒醉
此筵夜雨鳴廊

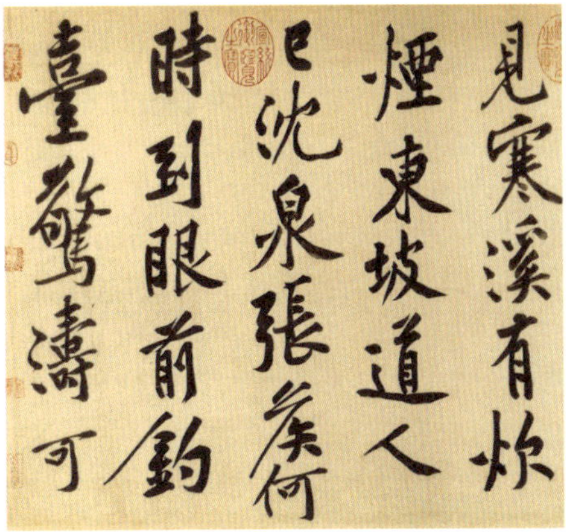
見寒溪有炊
煙東坡道人
已沈泉張侯何
時到眼前釣
臺驚濤可

《松风阁诗卷》

风姿翩翩的米芾
行书《蜀素帖》

《蜀素帖》，亦称《拟古诗帖》，是“宋四家”之一的米芾行书中的代表作品之一。墨迹，内容为自作诗六首，共五百五十六字。《式古堂书画汇考》、《石渠宝笈》著录。现藏台北故宫博物院。刊于台湾《故宫历代法书全集》(三)、《中国美术全集·书法篆刻编》(四)、《中国书法全集》(三十七)、《中国书法鉴赏大辞典》(上)。

米芾(1051—1107)，初名黻，后改为芾，字元章，号襄阳漫士、鹿门居士、海岳外史、中岳外史、溪堂等。世居太原，迁襄阳，后定居润州(今江苏镇江)。官书画学博士、礼部员外郎。人称“米襄阳”、“米南宫”。因举止颠狂，人称“米颠”、“米痴”。《宋史》有传。

米芾不仅是杰出的书法家，而且也是著名的画家、鉴赏家。书法以行书成就最高。他博学多才，恃才傲物，有洁癖石癖，举止疏狂怪僻。相传米芾曾当面与当朝皇帝宋徽宗论书，品评当世的书家：蔡襄勒字，沈辽[①]排字，黄庭坚描字，苏轼画字，又自言自己“刷字”。虽然言语有些颠狂，却很生动形象，颇有道理。

《蜀素帖》因书写在蜀素上而得名。蜀素是北宋时四川所产的一种丝绸织

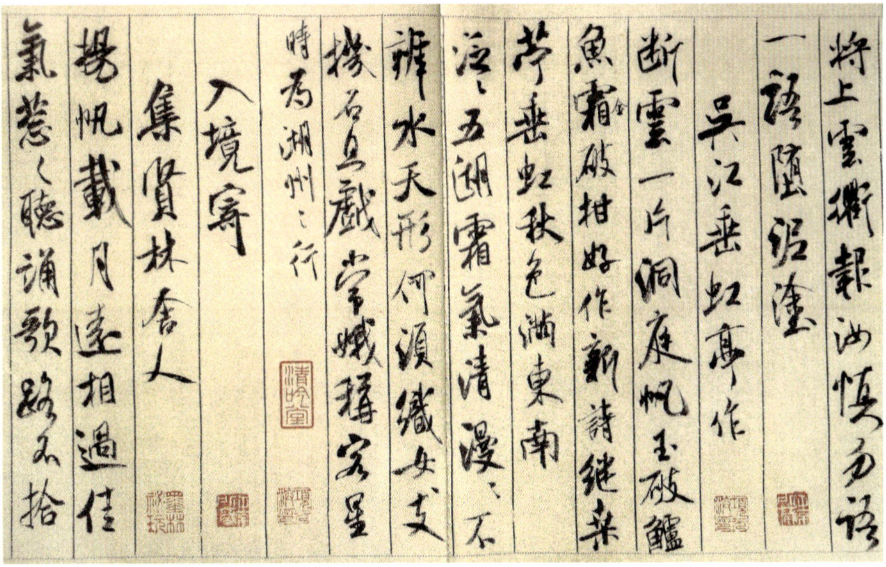
吴江垂虹亭作
断云一片洞庭帆，玉破鲈
鱼霜破柑。好作新诗继桑
苎，垂虹秋色满东南。
泛泛五湖霜气清，漫漫不
辨水天形。何须织女支
机石，且戏常娥称客星。
时为湖州之行
入境寄
集贤林舍人
扬帆载月远相过，佳
气葱葱听诵歌。路不拾
《蜀素帖》

物，上面织有乌丝栏，质地精良，制作考究。米芾曾游苕溪（今浙江湖州），应友人之请，在其家藏的蜀素上作书，卷中数首诗都是当时记游或送行之作。

《蜀素帖》书于乌丝栏内，但气势丝毫不受局限，潇洒自如，用笔俊迈，笔势飞动，提按转折挑，曲尽变化，有王献之的笔意。书的后半部分愈加飞动洒脱，神采超逸。结构奇险率意，变幻灵动，收放自如，欹正相生。用笔纵横挥洒，提按分明，方圆兼备，刚柔相济，藏锋处微露锋芒，露锋处亦显含蓄，长短粗细，体态万千，充分体现了米芾"刷字"的特点。线条粗细分明，笔势流利与涩滞相生相济，时而风樯阵马，时而沉稳雍容。字形秀丽颀长，风姿翩翩。章法上，紧凑的点画与大段的空白形成强烈对比。率意的笔法、奇诡的结体和章法布局，一改晋唐以来平和简远的书风，而多了活泼和险劲。

因蜀素的粗糙，书时需全力以赴，故董其昌在《蜀素帖》后跋曰："此卷如狮子搏象，以全力赴之，当为生平合作。"由于丝绸织品不易受墨而出现了较多的枯笔，加之墨色浓淡相间，更觉精彩动人。清高士奇曾题诗赞此帖：

> 蜀缣织素乌丝界，
> 米颠书迈欧虞派。
> 出入魏晋酝天真，
> 风樯阵马绝痛快。

米芾书法对后世影响很大，学习的人也很多，其长子米友仁、南宋吴琚、金代王庭筠等都是学米著称的书法家。除此之外，米芾创造的“米家山水”在中国绘画史上也占有重要的地位。

米芾传世书迹很多，除《蜀素帖》外，还有《苕溪诗卷》、《多景楼诗》、《虹县诗卷》、《珊瑚帖》、《崇国公墓志》、《王羲之·王略帖跋》、《苏东坡木石图诗》、《临沂使君帖》等。

除书画创作之外，米芾还是一位书画理论家，他的著作有《书史》、《海岳名言》、《宝章侍仿录》、《评纸帖》、《砚史》等，记录了他对前世书家及作品的品评，同时记述了自己的创作经验。

注释：

①沈辽（1032—1085），字睿达，钱塘（今余杭）人。为文雄奇峭丽，自成一家。尤其精于书法。擅长楷书、隶书、行书等。

洒脱自如的米芾

《苕溪诗卷》

《苕溪诗卷》，是米芾行书的又一代表作品。纸本墨迹，三十五行，共二百九十四字。诗卷末有其子米友仁的题跋："右呈诸友等诗，先臣芾真足迹，臣米友仁鉴定恭跋。"清曾入乾隆内府，并刻入《三希堂法帖》。现藏北京故宫博物院。刊于《中国美术全集·书法篆刻编》(四)、《中国书法全集》(三十七)、《中国书法鉴赏大辞典》(上)、日本《书道全集》。

《苕溪诗卷》与《蜀素卷》，同为米芾三十八岁时书，反映了他中年的书法风貌。也许是因为书写在纸上，故《苕溪诗卷》比《蜀素帖》多了流畅轻灵婀娜之美。

米芾深入古法研究，而又能锐意求新。他的行书在"宋四家"中独具风格，取势欹侧，运笔如飞，自然天真，有飞动之感，奇趣横生。

《苕溪诗卷》颇得二王笔法。用笔爽利，洒脱不拘，多取侧锋而又灵巧多变。运笔迅疾，线条劲挺有力，真率自然，沉着痛快而又纵横恣肆，有飞动之感，既赏心悦目又耐人寻味。结构欹侧多姿，字体微向左倾，于险劲中求平整；中宫微敛，保持了重心的平衡；同时长画纵横，舒展自如，抑扬起伏多变，意趣盎然。

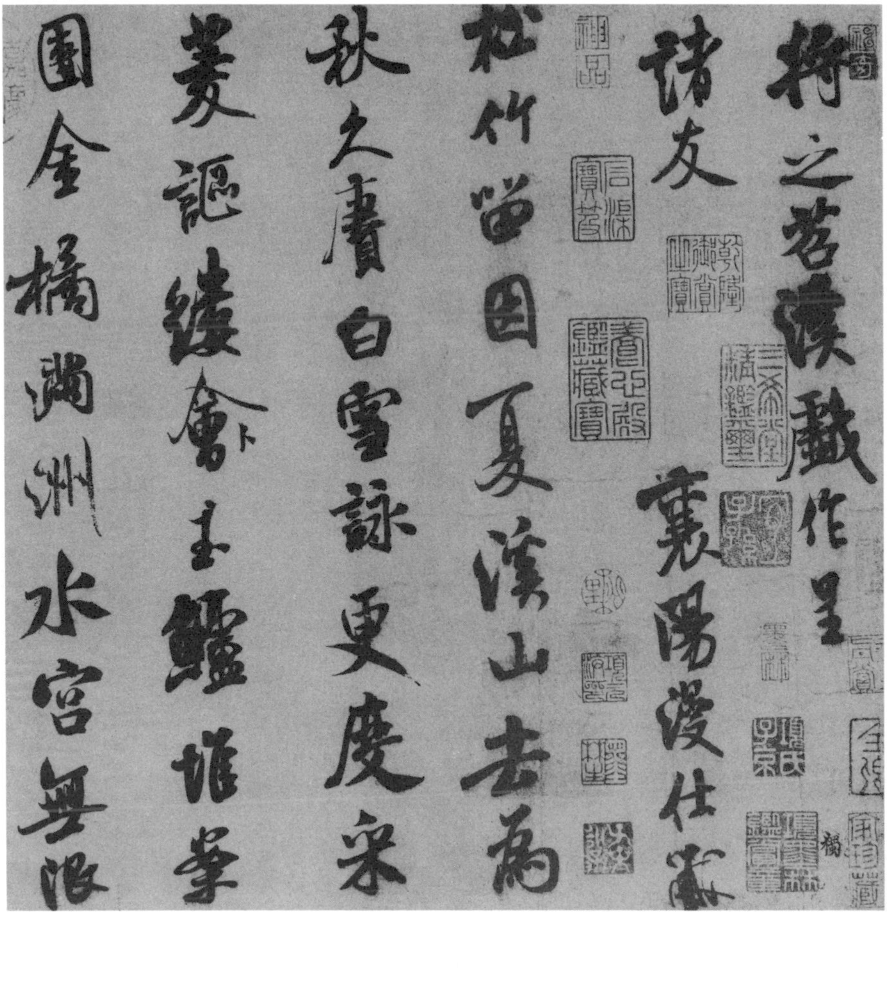

《苕溪诗卷》

米芾对传统的继承与创新，最大的体现之处，就在于他的笔法。这是他最独特的地方，也是后人诟病他的理由。米芾用笔多变，曾自诩："善书者只有一笔，我独有四面。"《苕溪诗卷》运用正、侧、藏、露不同的笔法，使作品线条点画的长短、轻重、仰偃，运笔的起笔、收笔、转折，浓纤兼出，变化丰富而姿态横生。章法上字的大小、间距自然错落；又以诗为单元，自然起止，间杂诗注的小行书，有参差错落之美。通篇自然超逸，毫无雕琢的痕迹。正如清吴其贞《书画记》所评："运笔潇洒，结构舒畅。"

《苕溪诗卷》和《蜀素帖》可以说都是作者的性灵之作，也是继承传统与创新最好的范本。有人称它们为米书"双璧"，还是很有道理的。

铁画银钩的宋徽宗《瘦金书千字文》

《瘦金书千字文》，宋徽宗赵佶书。楷书，纸本墨迹。原为清宫旧藏，著录于《石渠宝笈》。现藏于上海博物馆。刊于《中国书法鉴赏大辞典》（上）、日本《书道全集》。

宋徽宗（1082—1135），名佶，宋朝的第八位皇帝，同时也是一位艺术家。和南唐后主李煜一样，同为亡国的皇帝，不事朝政却酷爱艺术，具有相当高的艺术造诣，在艺术上颇有作为。《宋史》有本纪。

宋徽宗书法以行草、楷书见长，尤以楷书“瘦金体”著称。在中国画史上，也是一位杰出的画家。他设立翰林书画院，召集文臣编辑《宣和书谱》、《宣和画谱》、《宣和博古图》等书。对于书画艺术的提倡和创作，以及对于古代艺术的整理与保存，都是有突出贡献的。客观地说，他于文化艺术的兴盛和发展是有功绩的。

“瘦金书”本应为“瘦筋体”，以“金”易“筋”，是因为对皇帝“御书”的尊重。有人说，“瘦金书”并非宋徽宗原创，是从唐代薛曜[①]书《夏日游石淙诗并序》而来。因为身为皇帝而尊贵，所以后人李代桃僵。客观地说，宋徽宗所书“瘦金书”与薛曜书法确有渊源关系，但是经过他的学习提炼变化之后，才形成“瘦金书”现在的面貌，于此，宋徽宗的贡献是应该得到肯定的。

宋徽宗的书法，初习黄庭坚，后又学习褚遂良和薛稷、薛曜兄弟，并杂糅各家，融会贯通，变化二薛，形成自己的风格，对后世影响颇大。

《瘦金书千字文》是宋徽宗二十三岁时书。整体匀整峭拔，清爽润朗，飘逸灵动。如前人的评价“铁画银钩”，“天骨遒美，逸趣霭然”，“如屈铁断金”。用笔瘦劲挺拔，貌似匀整却内含细微的粗细变化，筋骨挺劲。点画舒展开张，带有行书笔意，流畅而飘逸灵动。特别是他的横画收笔带钩，竖画收笔带点，在流畅中有顿挫的力感。

《瘦金书千字文》因是宋徽宗早期作品，与其后来的《瑞鹤图》等题咏相比较，还是稍显纤弱，用笔欠纯熟、凝重。

据说，现代美术字体中的“仿宋体”就是模仿瘦金体的神韵而创制的。

宋徽宗传世书迹除《瘦金书千字文》外，还有《大观圣作之碑》、《宣和御制化道文碑》、《洛神赋》、《闰中秋月诗帖》、《草书千字文》等。

注释：

①薛曜，字异华，祖籍蒲州汾阴（今山西万荣）人，世代为儒雅之家。曾官至正议大夫。与弟中书舍人薛稷以文学知名朝野。二人书法学习褚遂良，瘦硬有神结体疏朗，比褚书更险劲、更纤细，在当时享有大名。《夏日游石淙诗并序》是薛曜的代表作，用笔细劲，瘦劲奇伟，被后人称为“宋徽宗瘦金体之祖”。

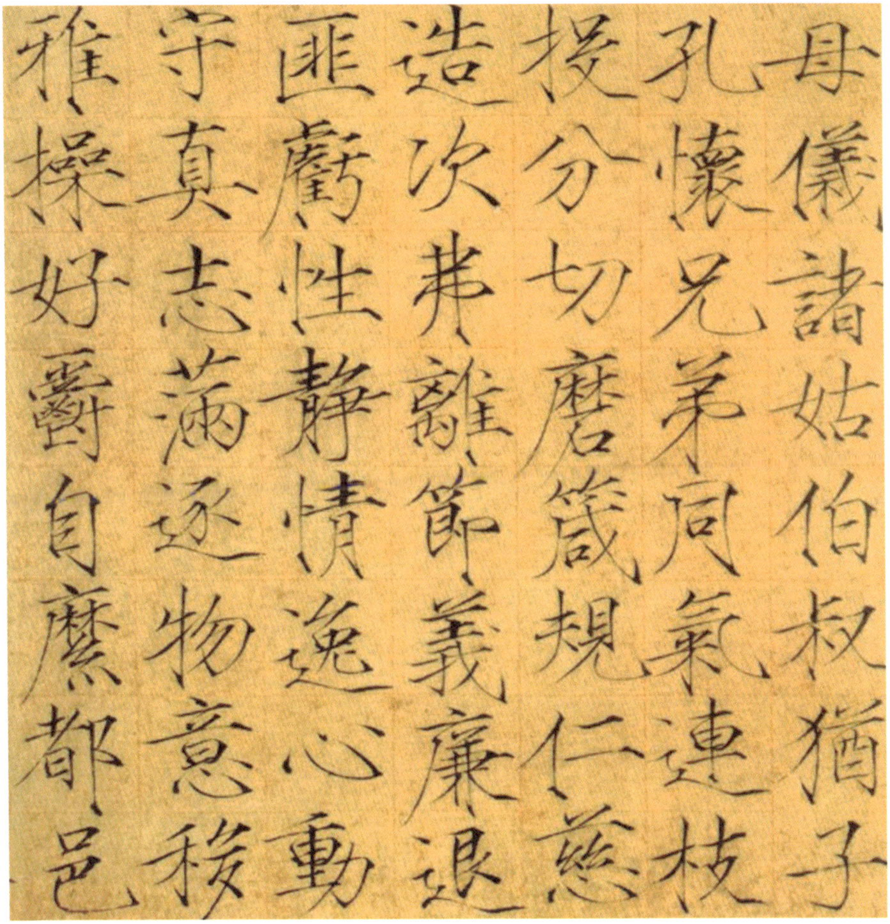
母儀諸姑伯叔猶子
孔懷兄弟同氣連枝
投分切磨箴規仁慈
造次弗離節義廉退
匪虧性靜情逸心動
守真志滿逐物意移
雅操好爵自縻都邑

《瘦金书千字文》

清劲秀逸的赵孟頫
小楷《汉汲黯传》

《汉汲黯传》，元代杰出的书法家赵孟頫书。小楷，纸本墨迹。册页，共十页。刊于《中国书法全集》（四十四）、《中国书法鉴赏大辞典》（下）、日本《书道全集》。

赵孟頫（1254—1322），字子昂，号松雪道人，又号鸥波、水晶宫道人等，浙江吴兴（今浙江湖州）人。故人称“赵吴兴”。宋太祖十一世孙，因皇帝赐他五世祖第宅于湖州，故称湖州人。宋亡入元，赵孟頫入仕元朝，“荣际五朝”，官至翰林学士承旨、荣禄大夫，封魏国公，谥文敏。《元史》有传。

赵孟頫是元代最有影响的书法家，精鉴赏，对历代书画都有很深的研究。他在书法上，创楷书“赵体”，为“颜柳欧赵”四大楷书之一，开一代之风，影响了有元一代的书法风尚，以及明朝及清初。在绘画上的成就直接影响了“元四家”，以及整个元代的画风。

赵孟頫《汉汲黯传》写于延祐七年，是赵孟頫小楷的代表作品。作品中缺一百九十七字，为明代书画家文征明所补。

赵孟頫自称《汉汲黯传》得唐人遗风笔意，而清代冯源深却认为：“此书方峻，虽据欧体，其用笔之快利秀逸，仍从《画赞》、《乐毅》（王羲之作品）诸书

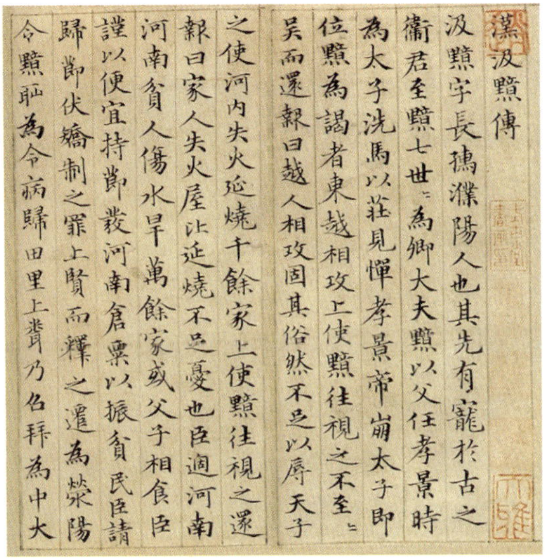
汲黯傳
汲黯字長孺濮陽人也其先有寵於古之
衞君至黯七世世為卿大夫黯以父任孝景時
為太子洗馬以莊見憚孝景帝崩太子即
位黯為謁者東越相攻上使黯往視之不至至
吳而還報曰越人相攻固其俗然不足以辱天子
之使河內失火延燒千餘家上使黯往視之還
報曰家人失火屋比延燒不足憂也臣過河南
河南貧人傷水旱萬餘家或父子相食臣
謹以便宜持節發河南倉粟以振貧民臣請
歸節伏矯制之罪上賢而釋之遷為滎陽
令黯恥為令病歸田里上聞乃召拜為中大

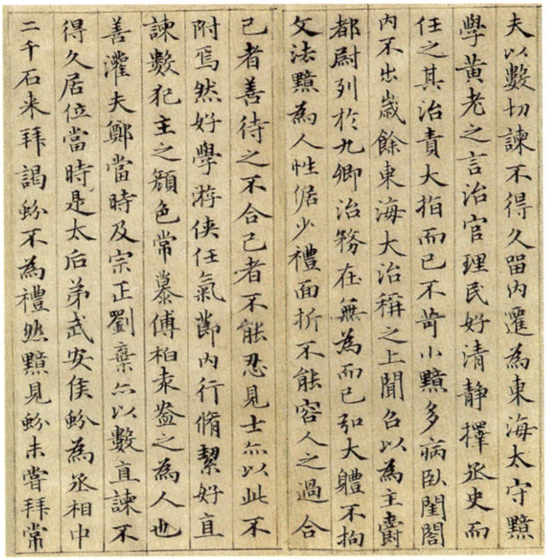
夫以數切諫不得久留內遷為東海太守黯
學黃老之言治官理民好清靜擇丞史而
任之其治責大指而已不苛小黯多病臥閨閤
內不出歲餘東海大治稱之上聞召以為主爵
都尉列於九卿治務在無為而已弘大體不拘
文法黯為人性倨少禮面折不能容人之過合
己者善待之不合己者不能忍見士亦以此不
附焉然好學游俠任氣節內行脩絜好直
諫數犯主之顏色常慕傅柏袁盎之為人也
善灌夫鄭當時及宗正劉棄亦以數直諫不
得久居位當時是太后弟武安侯蚡為丞相中
二千石來拜謁蚡不為禮然黯見蚡未嘗拜常

《汉汲黯传》

得来。”清笪重光在跋中也说：“松雪此册，字形大小，无不峭拔，云唐人遗风，其源乃出山阴（王羲之）耳。”元代大画家倪瓒则支持赵孟頫之说：“子昂小楷，结体妍丽，用笔遒劲，真无愧隋唐间人。”（《书林藻鉴》）清人安岐《墨缘汇观》也持此观点：“书法唐人，清劲秀逸，超然绝俗，公书最佳者。”

唐人小楷法出魏晋小楷，所以这些评论都有自己的道理，只是持论角度不同。赵孟頫《汉汲黯传》继承晋唐传统，法度严谨，楷法精绝，峻拔秀美，风骨俊逸。结体妍丽舒展，宽博雍容。笔法劲健圆润，方圆兼施。行笔娴熟自如，从容不迫，而略带有行书笔意，给人以活泼洒脱而又清劲秀逸的美感。

赵孟頫的书法，历来褒贬不一，与其同时代的著名书法家鲜于枢认为：“子昂篆、隶、真、行、草为当代第一，小楷又为子昂诸体第一。”清代包世臣却认为：“吴兴书笔专用平顺，一点一画，一字一行，排次顶接而成，如市人入隘巷，鱼贯徐行。”

赵孟頫的书法秀媚清劲，继承传统而有新意，正如鲜于枢所言，是元代书坛的领袖。但也正因为他的秀媚平和，成了那些崇尚险绝求变的书家批评的理由。美具有丰富多样性，书法美同样也具有丰富多样性，而欣赏者的审美趣味更是具有丰富多样性。欣赏者和批评者也都是站在自己的审美立场来品藻书家及作品的。应该说，处在不同历史时空的欣赏者和评论者会不可避免地带有时代的立场和观点。所以在赏析作品的同时，应该客观地分析这些前人的品评。

赵孟頫小楷代表作品除《汉汲黯传》外，著名的还有《道德经》、《法华经》、《黄庭经》等，大楷代表作有《龙兴寺碑》、《仇锷墓碑铭》、《胆巴碑》、《重修三门记》等。

清逸俊美的赵孟頫行书《定武兰亭十三跋》

《定武兰亭十三跋》，元赵孟頫书。行书，纸本墨迹。一百行，共八百八十六字。清乾隆年间毁于火，后经收集剩余的残片装帧成册。现藏于日本东京国立博物馆。刊于《中国书法全集》（四十四）、《中国书法鉴赏大辞典》（上）、日本《书道全集》。

《定武兰亭十三跋》是赵孟頫在定武本《兰亭序》上的十三段题跋。

至大三年（1310）九月，赵孟頫奉诏自吴兴（今浙江湖州）前往大都（今北京）途中，途经南浔，偶得独孤长老所藏的宋拓定武本《兰亭序》。欣喜万分，舟中展玩，时时临摹。一个多月的行船旅程，颇多心得体会，全记录在了独孤长老所送的《兰亭序》后，共有题跋十三段，这便是后世所称的《定武兰亭十三跋》。

《定武兰亭十三跋》因是多次写成，所以字体大小不一，然气韵如出一辙。用笔含蓄娴熟而轻松，线条圆润饱满而流畅，结体隽秀严谨而遒媚。气韵生动，风神俊逸，精妙绝伦，特别是后半部分的题跋，轻松灵动而自然。通篇洋溢着王羲之《兰亭序》清逸的神韵。常有人质疑赵孟頫书法过于柔媚，但从《定武兰亭十三跋》中，感受不到丝毫的柔媚，有的是清、逸、雅，是俊美，是书写的

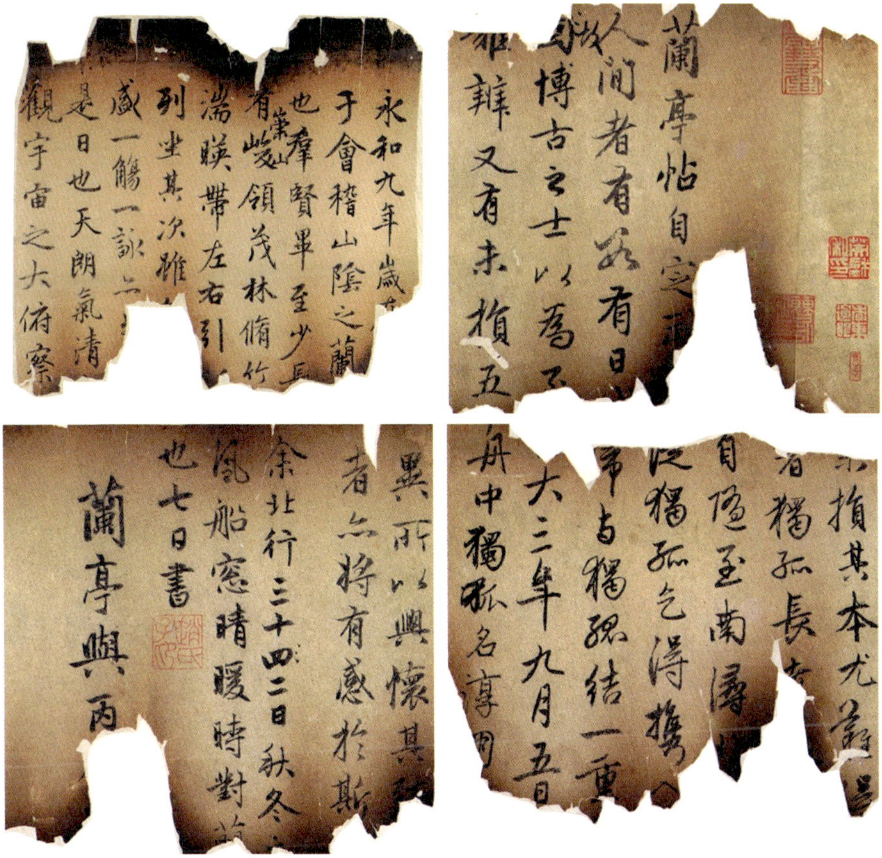

《定武兰亭十三跋》残本（选页）

快感。

诚如清代书画鉴藏家安岐在《墨缘汇观》中所评价的："谛观文敏诸跋并序，实乃书中奇品。假如文敏再为之，亦是右军（王羲之）书禊序（兰亭序），不复如是也。"意思是说如果赵孟頫再重新书写一遍，也会像当年书圣王羲之的《兰亭序》一样，再也不可能超越原迹。因为艺术创作的精妙是随激情和灵感而发的，不是刻意为之而能成功的。这就是艺术创作的不可重复性。

《定武兰亭十三跋》不仅是气韵生动、秀美端庄的书法精品，而且也是一篇精辟的书论文章，其中许多真知灼见影响至今。如"书法以用笔为上，而结字亦须用工，盖结字因时相传，用笔千古不易"，就是赵孟頫传承至今的论书名言。《定武兰亭十三跋》可谓艺文双璧的杰作。

赵孟頫传世的行书作品除《定武兰亭十三跋》外，著名的还有《洛神赋》、《书赤壁二赋册》、《书苏东坡诗帖》、《归去来辞》、《书趵突泉诗》、《赵孟頫十札卷》、《与鲜于伯机尺牍》、《与中锋明本尺牍册》、《临兰亭序》等。

风骨烂漫的祝允明草书《和陶渊明饮酒二十首》

《和陶渊明饮酒二十首》，是明代杰出的草书大家祝允明晚年的代表作品。草书，纸本墨迹，手卷。刊于《中国书法鉴赏大辞典》（下）、《中国书法全集》（四十九）、日本《书道全集》。

祝允明（1460—1526），字希哲。因右手多生一指，故自号枝山，又自号枝指生，长州（今江苏吴县）人。官至应天府通判，人称“祝京兆”。与徐祯卿、唐寅、文征明并称“吴中四才子”。《明史》有传。

祝允明的书法取法晋唐宋元诸家，功力深厚，而以草书成就最高。他的草书博取众家之长而尤得力于黄庭坚，笔势雄强，豪迈洒脱，有疾风骤雨之势；风骨烂漫之中点画结体皆不失法度，又能时出新意，以韵取胜。

《和陶渊明饮酒二十首》是祝允明中年时所作的诗，寄托了他科场失意而寄情诗酒的情怀，常常吟咏书写，有多幅传世，而此件书作是他晚年的作品，气势奔放，雄奇恣肆，从头至尾，一气呵成。有如天马行空，游行自在。正如明代王世贞《艺苑卮言》中所说：“晚年变化出入，不可端倪，风骨烂漫，天真纵逸，真足上配吴兴（赵孟頫），他所不论也。”

《和陶渊明饮酒二十首》艺文双合，作者寄情于笔下飞舞的线条，情绪随诗

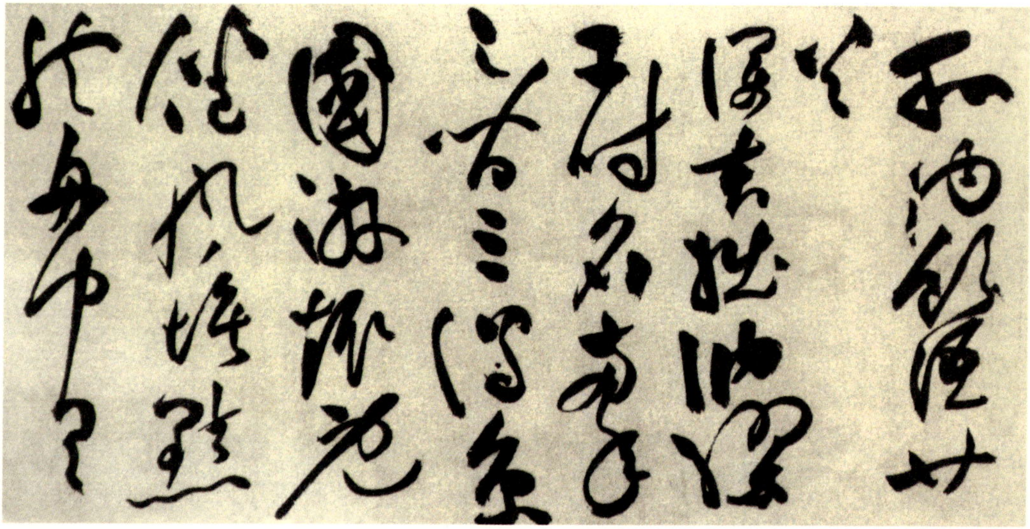

《和陶渊明饮酒二十首》

境的转换而起伏变化，饱含深情的笔墨也随之上下翻飞。欣赏者从这律动的线条中，能够真切地感受到作者的才思与情怀。行笔流畅而老辣，神采焕然；点画纵横，酣畅淋漓，神采飞扬；章法自然天成，笔势飞动，富有节奏感和韵律美。祝允明曾在其《论书帖》中说："有功无天性，神采不生；有性无功，神采不实。"《和陶渊明饮酒二十首》正是他的这种神采观的具体体现。

祝允明是明代有代表性的书家，明王世贞在《艺苑卮言》中列祝允明为第一，明屠隆《考盘余事》也列祝允明为第一。而在祝允明的诸书体中，又以草书为第一。

祝允明传世作品很多，除《和陶渊明饮酒二十首》外，著名的作品还有《洛神赋》、《草书唐人诗卷》、《草书诗翰卷》、《自书诗卷》等。

流丽俊美的唐寅《落花诗册》

《落花诗册》，明代著名书画家唐寅书。行书，纸本墨迹。据说唐寅一生曾多次书写过落花诗，每次所录诗作的数量不同，内容也不尽相同，而且有些诗句还有所改动，书法风格也有差别。目前所知的有普林斯顿大学附属美术馆藏本，苏州市博物馆藏本，辽宁省博物馆藏本，中国美术馆藏本。普遍认为，唐寅写于逝世前一年的中国美术馆藏本代表了其成熟的艺术风格。中国美术馆藏本刊于《中国书法大辞典》（下），辽宁省博物馆藏本刊于《中国书法全集》（五十二）。

唐寅（1470—1523），字伯虎，更字子畏，号六如居士、桃花庵主、逃禅仙吏等。自署"江南第一才子"，与祝枝山、文征明、徐祯卿并称"吴中四才子"。唐寅的绘画与仇英、沈周、文征明并称"明四家"，他的书法学习赵孟頫，流丽俊美，与画相得益彰。

《落花诗册》中的落花诗为和诗，是唐寅和明代著名画家沈周的落花诗。

中国美术馆藏唐寅《落花诗册》的书法一如他的画，用笔圆转俊美，玉骨丰肌，率性洒脱中透着温文尔雅。运笔顺畅，墨色温润，结字欹侧。章法上字字独立，偶有映带，而气息贯通。由《落花诗册》中可以看到，画家的书法比之

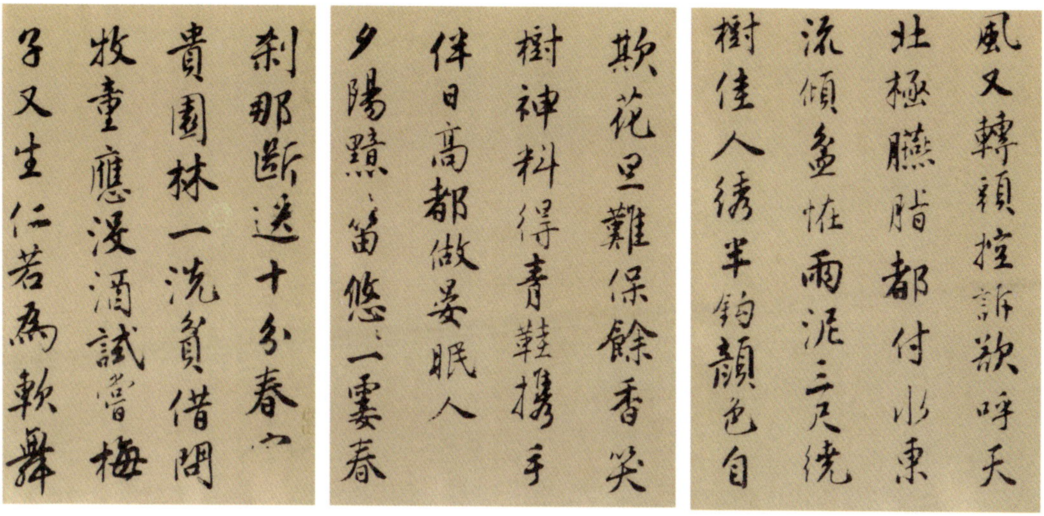

《落花诗册》

书家的书法更多自然率性的活泼因子，更多浪漫品质而不拘形制。此本《落花诗册》是唐寅传世的行书代表作之一。

唐寅传世书法作品很多，除《落花诗册》外，著名的还有《漫兴诗轴》、《自作诗卷》、《致余山大人尺牍》、《为使君书旧作诗卷》、《致子贞札》等。

秀逸精绝的文征明小楷《金刚经卷》

《金刚经卷》为明代著名书法家文征明书。小楷，纸本墨迹。刊于《中国书法全集》（五十）、《中国书法鉴赏大辞典》（下）、日本《书道全集》。

文征明（1470—1559），初名壁，亦作璧，字征明。后以字行，更字征仲，别号衡山居士，长州（今江苏吴县）人。曾官翰林待诏。《明史》有传。

文征明是明代很有影响的书画家。擅长多种书体，以小楷成就最高，是明代小楷的代表性书家。隶书师法钟繇，大字楷书得力于黄庭坚，“草师怀素，行书仿苏（东坡）、黄（庭坚）、米（芾）及圣教。”小楷取法钟繇二王，得力于《黄庭经》、《乐毅论》（王羲之），秀逸精绝，法度谨严。

《金刚经》是佛教重要的经典，全称《金刚般若波罗蜜经》。文征明《金刚经卷》，以小楷书之，是以端庄谨严的书风来表现佛经的庄重，也可谓艺文双合。

许多评论者认为明人小楷能得晋人笔意者，唯有文征明一人。明丰道生曾说文征明小楷学习钟繇、王羲之，有金声玉振之感。《金刚经卷》明显带有钟繇《宣示表》和王羲之《黄庭经》的笔意，字形偏扁，古雅生姿，点画严谨，笔法精熟。结体宽博大方，章法错落有致。用笔娴熟而清劲，富于变化。通篇

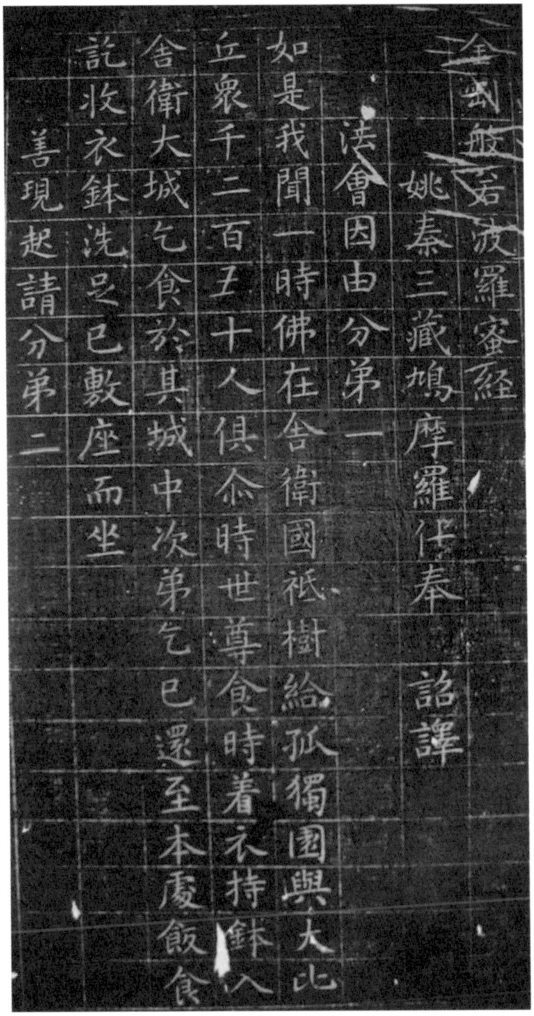
金剛般若波羅蜜經
姚秦三藏鳩摩羅什奉　詔譯
法會因由分第一
如是我聞一時佛在舍衛國祇樹給孤獨園與大比
丘衆千二百五十人俱尒時世尊食時着衣持鉢入
舍衛大城乞食於其城中次第乞已還至本處飯食
訖收衣鉢洗足已敷座而坐
善現起請分第二

《金刚经卷》

端庄流利，刚健婀娜，充盈着古朴的气息。文征明能在元人小楷秀媚的习俗笼罩下，而求魏晋书法古典美的古朴端庄，在书法的发展史上是有其积极意义的。

文征明书法作品曾刻入《停云馆帖》，传世墨迹很多，除小楷《金刚经卷》外，还有行书《自书诗卷》、《石湖烟水诗卷》、《题金焦落照图诗卷》等，草书《千字文》，隶书《唐里子山书李白诗跋》等。著有《莆田集》。

简静平和的董其昌行书《丙辰论画册》

《丙辰论画册》，明代著名书画家董其昌书。行书，纸本墨迹。共一百六十二行，每行八字，共二十幅。《石渠宝笈》著录。现藏台北故宫博物院。刊于台湾《故宫历代法书全集》、《中国书法全集》（五十四）、《中国书法鉴赏大辞典》（下）。

董其昌（1555—1636），字玄宰，号思白、香光居士，华亭（今上海市松江县）人。官至礼部尚书。董其昌书法“行楷之妙，跨绝一代”，在晚明已名满海内外，仿习者很多，作伪者也很多。《明史》有传。

董其昌是晚明影响最大的书画家和鉴赏家，其影响一直波及到清朝初年。清初康熙皇帝非常喜爱董其昌的书法，所以董其昌的书法在清初盛行朝野，当时受他影响的书法家很多，如沈荃、查昇、张照、刘墉、王文治等。喜爱者称赞其书法秀润疏朗，不喜者称其腕力不足，历来褒贬不一。董其昌书法在晚明清初的影响，除却书法的发展衍变及当时的社会原因之外，还应该看到其秀媚、流丽、典雅的美感作用，直到今天仍有其生命力。

董其昌《丙辰论画册》简静平和，萧散有致，清秀娴雅，却不失古淡。所以包世臣在《艺舟双楫》中评说：“其书能于姿态中出古淡，为书家中朴学。”董其昌在《丙辰论画册》开篇即说:“看画如看美人,其风神骨相有肌体之外者。”形象而有深理,观书法也复如是。我们欣赏董其昌的《论画册》也如看美人,风神自现。

《丙辰论画册》笔法精熟,运笔流畅,线条粗细变化丰富,黑色浓淡相宜,结体舒展,章法有如杨凝式《韭花帖》的散朗疏淡,笔触率意而轻灵自然。体态轻盈,清秀妍美,举止典雅,清丽可人,给人以淡、雅、清的美感享受。

董其昌学书自述中说,学书是由唐而晋,再至宋。他的书作并不刻意求工,“往往适意”而已,“有意成风,无意取态”,自成风韵,秀润典雅疏朗,稍显腕力不足。

董其昌除书画创作外,还是一位书画理论家,著作颇丰,有《画禅室随笔》四卷,《容台集》、《容台别集》、《画旨》、《画眼》等。他集刻的晋唐宋元名人笔迹的《戏鸿堂帖》十六卷,在明代集帖中仅次于《玉烟堂帖》。

董其昌传世的书法作品很多,除《丙辰论画册》外,著名的还有《桑寄生传》、《苏轼重九词轴》、《晁文公语》、《乐毅论》、《唐人诗卷》等。

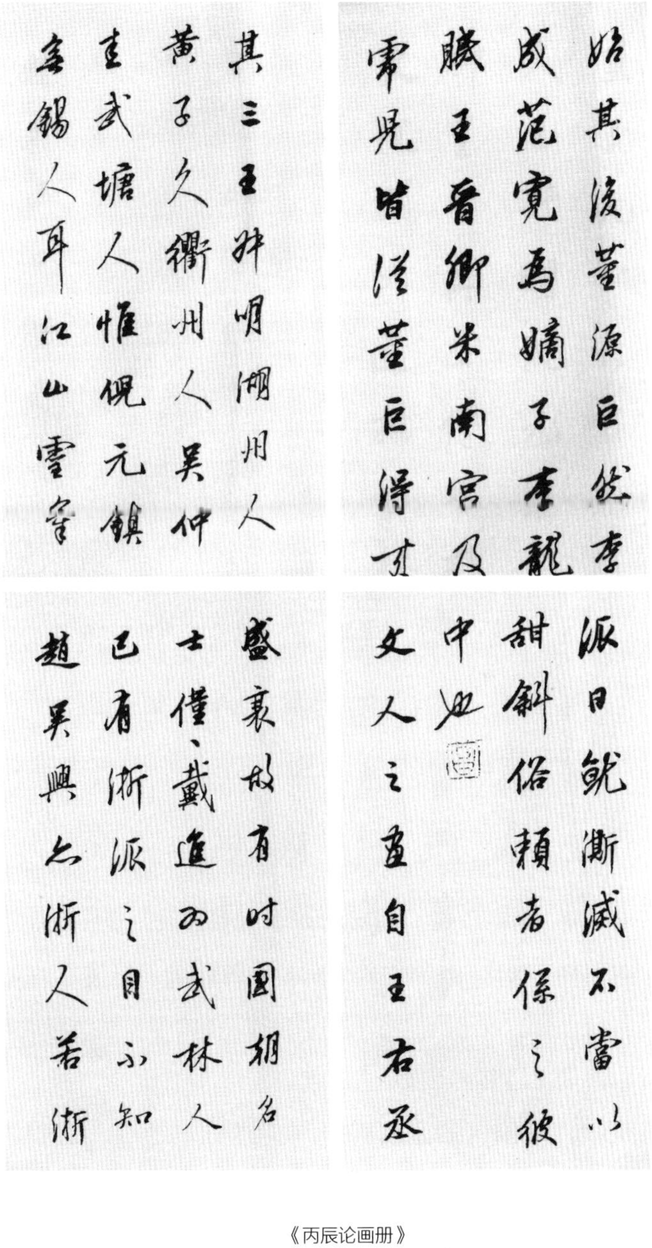
始其後董源巨然李
成范寬為嫡子李龍
眠王晉卿米南宮及
虎兒皆從董巨得來

其三王叔明湖州人
黃子久衢州人吳仲
圭武塘人惟倪元鎮
無錫人耳江山靈氣

盛衰故有時國朝名
士僅、戴進為武林人
已有浙派之目不知
趙吳興亦浙人若浙

派日就澌滅不當以
甜邪俗賴者係之彼
中也

文人之畫自王右丞

《丙辰论画册》

奇崛狂逸的张瑞图

草书《醉翁亭记》

《醉翁亭记》，明末著名书画家张瑞图书。草书，绢本墨迹，长卷。共七十六行。现藏首都博物馆。刊于《中国书法全集》(五十五)、《中国书法鉴赏大辞典》(下)、《中国书法》(一九八七年第二期)。

张瑞图(1570—1641)，字长公，号二水，别号果亭山人、芥子居士等。晋江(今福建省泉州市)人。因其室名曰毫庵，又称白毫庵道者。官礼部尚书、大学士。

清秦祖永《桐阴论画》中说张瑞图"书法奇逸，钟王之外，另辟蹊径"。梁巘《评书帖》中说："明代书法竞尚柔媚，王(铎)、张(瑞图)二家力矫积习，独标风骨，虽未入神，自是不朽。"张瑞图书法风格独具，是一位富有创新精神的书法家，与邢侗、董其昌、米万钟并称晚明四大家。但他的书风与邢、米、董三家迥然有别，而与黄道周、倪元璐、王铎、傅山等人创立的奇崛狂逸的书风颇为相似。张瑞图的书法以行草书成就最高。

作为艺术家，张瑞图无疑是成功的；而作为仕宦之人，张瑞图身居礼部尚书，而依附魏忠贤的阉党，最终被列入《明史》阉党之中，为人所耻。他的人生轨迹本来和一般的士人没有什么不同，科考入仕为官。然而生活在晚明时期，

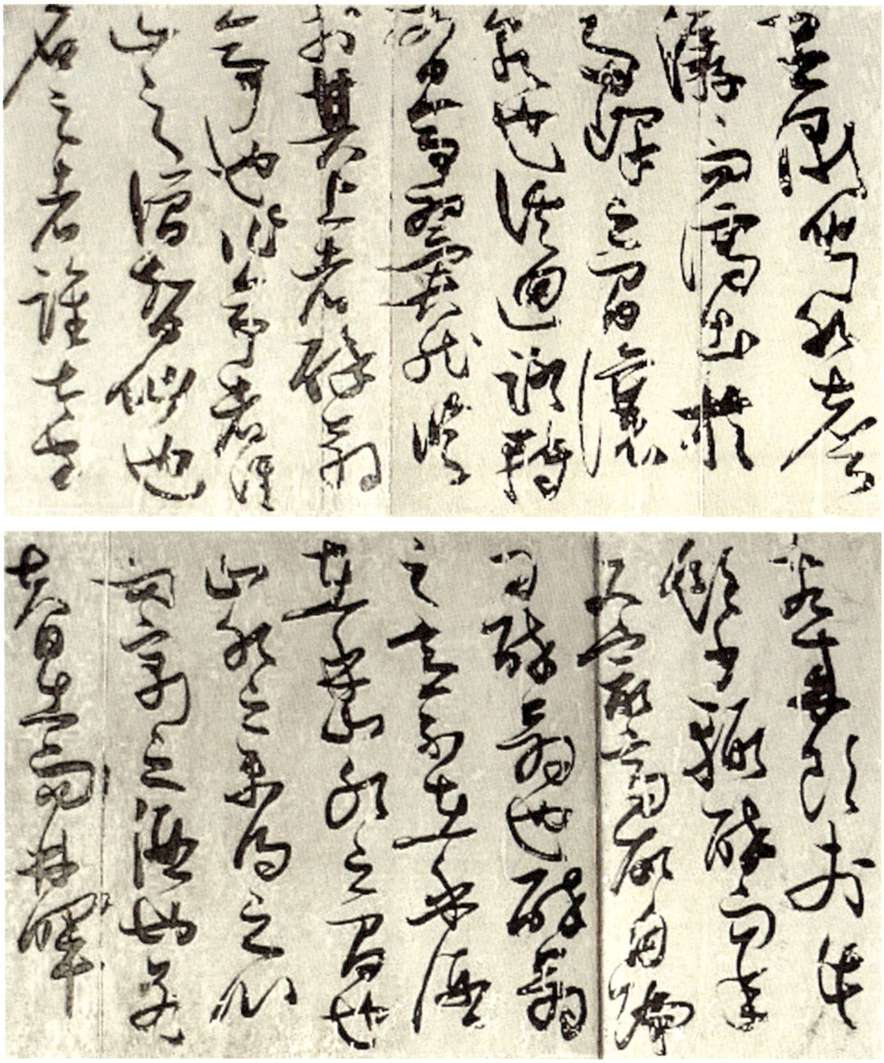

《醉翁亭记》

阉党专权，不幸的是张瑞图选择了依附权贵，这使他的人生因此而蒙羞。作为儒生的张瑞图其内心的痛苦矛盾可想而知，可以说伴随其终生，并且直接反映在了他的书法创作中，他的奇崛狂逸的书风或许与此有关。

《醉翁亭记》书于崇祯年间，是张瑞图晚年赎身为民，居家所作。结体紧凑，茂密中见舒展。行笔中强调侧锋，点画以方折为主，沉着犀利，气势雄强。在纵向的书写中，又特别强调横势的笔法和结构，这使他的作品在纵向的势态中多了横向的张力，似一张拉满弦的弓，蓄势待发。通篇字体大小错落，姿态百生，气势雄逸，虽然“乱头粗服”，却一任自由挥洒，强化了写意性，而别有趣味，在传统的古法之外独树一帜。

有人说中国书法是节奏化了的自然，是表达对生命的体验。张瑞图所书长卷《醉翁亭记》，从某种意义上说，昭示了他内心错综复杂的情感世界，可以说是他情感波动的心电图。“醉翁”之意不在酒，而在墨色淋漓、点画狼藉之中。

张瑞图传世作品很多，除《醉翁亭记》外，还有《邓公聪马行》、《乐志论》等墨迹刊行。并著有《白毫庵内篇》、《白毫庵外篇》等。

奇趣古拙的黄道周
行书《舟次吴江诗》

《舟次吴江诗》，明末著名书法家黄道周书。行书，六开，纸本墨迹。崇祯十七年（1644）书。现藏首都博物院。刊于《中国书法全集》（五十六）、《中国书法鉴赏大辞典》（下）。

黄道周（1585—1646），字幼平或作幼玄，号石斋、螭若，福建漳州人。明末东林党人。据《明史》记载，黄道周"严冷方刚，不谐流俗"。崇祯时任右中丞，福王时官至礼部尚书。在明末的政治舞台上，他先因庭争而被贬，清兵南下，明亡之时，又因拥立唐王而任武英殿大学士。率师抗清，因战败被俘，不屈而死。《明史》有传。

黄道周博学多能，在诗文书画方面都有很高的造诣，是明末有个性而创意出新的书法家。在书法上，他擅长多种书体，而以行草、小楷最有特点，成就最高。行草书有古拙之气，风骨沉健，奇趣盎然。楷书师法钟（繇）、王（羲之），兼习北碑，直追索靖，巧拙并施。

《舟次吴江诗》是黄道周行书的代表作品之一，是由四首七言律诗组成。拙朴自然，劲健流美。用笔伶俐爽峻，笔势酣畅遒劲。行书中融入章草笔意，方圆、巧拙并于一体之内，率真而生动，刚健而又婀娜多姿。章法上行距的宽

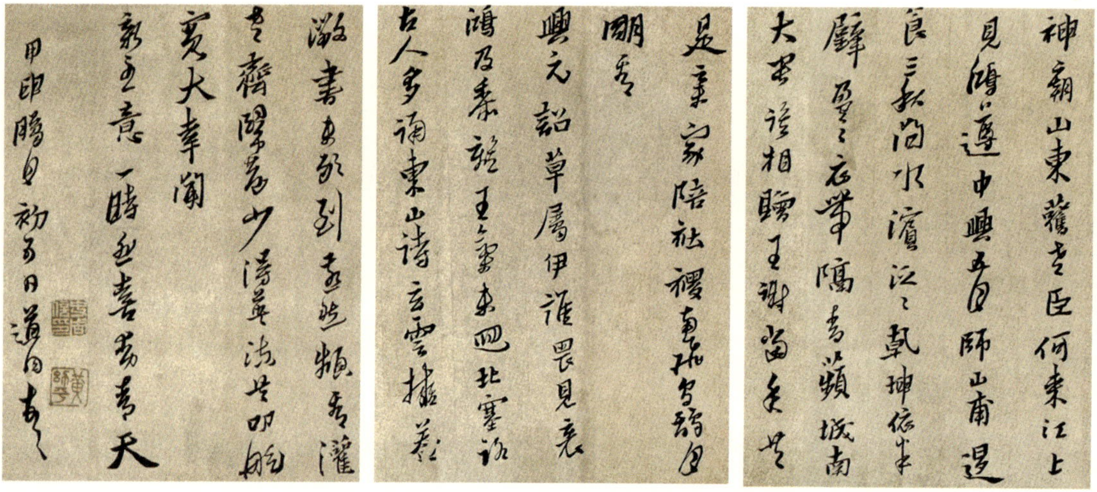

《舟次吴江诗》

疏散朗，与字体的古拙质朴相得益彰。于精熟之中蕴含着古朴之美，茂密之中得潇洒之态。

《舟次吴江诗》的平和简静，古拙韵趣，直追魏晋，以韵高而胜。正如清秦祖永《桐阴论画》所评："（黄道周）行草笔意离奇超妙，深得二王的神髓。"

最难能可贵的是，黄道周能在明代赵孟頫、董其昌柔媚秀美书风的笼罩下，独辟蹊径，取法魏晋，得古朴拙雅之气，而成一家之风貌，深得后世书家喜爱。

黄道周传世作品很多，除行书《舟次吴江诗》外，著名的还有《赠答友人诗卷》，草书《喜雨诗轴》、《自书诗轴》等，楷书《孝经》、《张天和墓志铭》等。

逸趣迭生的倪元璐

《郊行诗册》

《郊行诗册》，明代著名书画家倪元璐书。行草书，四开，纸本墨迹。刊于《中国书法全集》（五十七）、《中国书法鉴赏大辞典》（下）、日本《书道全集》。

倪元璐（1593—1644），字汝玉，一字玉汝，号鸿宝，浙江上虞人。官至户部尚书、礼部尚书。谥文正，清谥文贞。明末著名的书画家。李自成攻入京师，倪元璐自缢而死。《明史》有传。

倪元璐的书法影响高于绘画，与黄道周同科进士，二人交谊深厚，曾"合璧书画，人争宝之"。书法学习颜真卿、苏轼。行草书纵笔取势，多纵向变化，结体的疏密、笔墨的虚实、墨色的浓淡处理巧妙，灵动多姿，风神潇洒。笔致刚健劲拔，郁勃而有气势。

《郊行诗册》是倪元璐行草作品中的精品。通篇挥洒自如，逸趣迭生，可以称之为性灵之作。用笔中锋侧锋互用，藏锋露锋兼施，险绝而变化多端；线条流畅而劲爽遒健，朴茂生姿；结字中宫紧，而取纵势，古拙而有跌宕感；章法上行距宽疏，字间粘连紧密，对比鲜明强烈，行气贯通，节奏分明。

倪元璐于元明盛行的姿媚书风中独树一帜而为后世书家所推崇。清秦祖永在《桐阴论画》中称赞："元璐书法灵秀神妙，行草尤极超逸。"清康有为《广

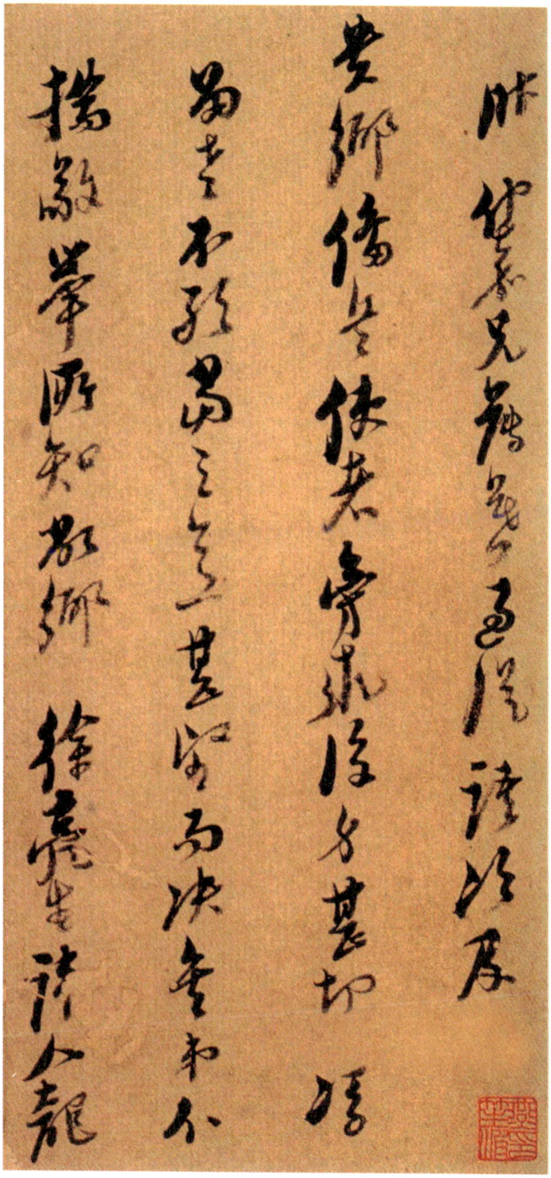

《郊行诗册》

艺舟双楫》认为:“倪鸿宝新理异态尤多。”

倪元璐传世作品很多，除行草书《郊行诗册》外，著名的还有《题画诗轴》、《自书诗》、《金山诗轴》、《祝寿诗轴》等。著有《儿易内外仪》、《倪文贞集》。

跌宕生姿的王铎行书《忆过中条语轴》

《忆过中条语轴》，为明末清初杰出的书法家王铎行书的代表作品。绫本墨迹，共四行，六十二字。刊于《中国书法》（一九八六年第一期）、《中国书法全集》（六十一）、《中国书法鉴赏大辞典》（下）、日本《书道全集》。

王铎（1592—1652），字觉斯，又字觉之，号石樵，又号十樵、嵩樵、痴庵、痴仙道人、雪山道人、烟潭渔叟、兰台外史等。河南孟津人，故人称“王孟津”。明翰林院庶吉士，福王时官至东阁大学士、礼部尚书。明亡降清，累官至礼部尚书。谥文安。《清史稿》有传。

王铎擅长楷书、行书、草书、隶书、篆书诸体，以行草书成就最高。书法学习魏晋，师法二王，又兼习唐李邕、颜真卿、柳公权、怀素及宋代的米芾，功力深厚，师法古人而能出新，形成自己的书风。

王铎行草书收放自如，跌宕有致，飘逸峻爽，欹侧多姿，意态自足而趣味横生。连绵错落，于奇伟险绝中纵横牵制，却不失平衡；于勾连盘环中见苍郁雄畅；参差错落中见凝重劲健。大楷笔力遒劲，体势宽博雄强；小楷高古典雅，清劲朴厚。在明清诸家中独树一帜，对后世尤其当代书坛及日本书坛影响深远。

《忆过中条语轴》是王铎四十八岁时书，回忆自己十六岁时过中条，于河东书院登高之事。《忆过中条语轴》虽然是行书，却有着草书般的跳跃跌宕，雄强恣肆，气脉贯通，这是王铎行书有别于他人之处，也是他行书作品的独特之处。用笔变化多端，笔力劲健；线条粗细分明，纵横有度；字形大小错落，欹正相生，顾盼生情；章法左右倾伏，跳荡生姿，极富节奏感和韵律感，体现了王铎行书，特别是条幅的特点。

王铎一生勤耕砚田，传世的作品很多，除行书《忆过中条语轴》外，著名的还有《草书诗稿》、《行草枯兰复花赋卷》、《自书读轴》、《杜甫秋兴八首》等，遗帖有《拟山园帖》、《琅华馆帖》、《龟龙馆帖》和《弘月馆帖》等。

《忆过中条语轴》

临摹与创作并举的典范

——王铎《临豹奴帖》

《临豹奴帖》，为王铎临习东晋王羲之、王献之父子的作品。草书，四行，共六十三字。刊于《明清书道图说》、《中国书法全集》（六十一）、《中国书法鉴赏大辞典》（下）。

在王铎的书法作品中，有很大一部分是临习前人的习作，他将前人简牍手札小品类的作品，创造性地以条幅的形式临摹成大幅作品，气势夺人而别有意趣。《临豹奴帖》就是这类作品中的代表。

《临豹奴帖》是由王献之的《豹奴帖》王羲之的《吾唯辨辨帖》、《家月帖》中的句子组成。王献之的《豹奴帖》和王羲之的《吾唯辨辨帖》、《家月帖》都是字字独立，偶有映带，圆转而带章草笔意的草书手札。而在王铎的笔下，却一改书信手札而为条幅，改字字独立的形式而为连绵的今草形式，上下映带，纵横连绵而饶有气势，宛若草圣张芝的"一笔书"，令人拍案称绝。

《临豹奴帖》是王铎五十二岁正值艺术巅峰时期的作品，也是他这类作品中的代表作之一。他用自己的形式，自己的章法、墨法、笔法，诠释了二王的简牍手札，被人们公认为是临摹与创作并举的典范。

《临豹奴帖》章法结构上，强化了字与字之间的上下连绵映带，气势贯通，

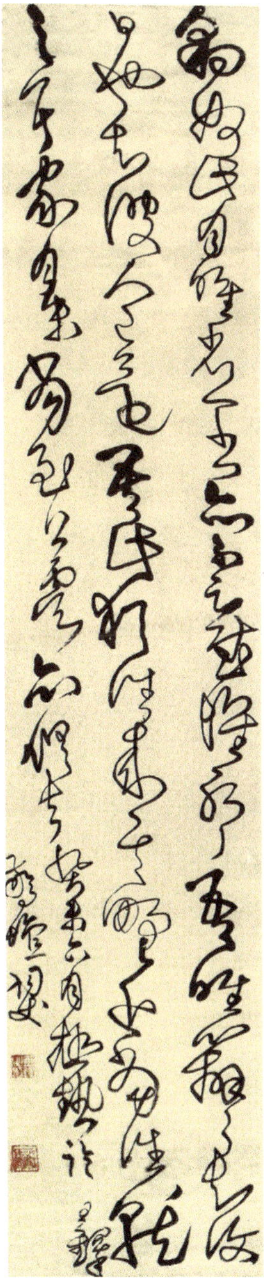

《临豹奴帖》

欹侧多姿，顾盼生情，从头至尾，一气呵成。墨法上燥润枯湿，特别是胀墨的运用，使作品变化丰富，而意态自足。线条流畅婉转之间彰显着韵律与节奏。笔力雄健，纵横奔放而又洒脱不羁。

王铎的《临豹奴帖》不仅为人们开辟了学习书法的又一方法和途径，而且也提供了草书创作中的又一审美范式，影响至今。

雄奇飘逸　吴带当风

——傅山草书《右军大醉诗轴》

《右军大醉诗轴》，是明末清初杰出的书法家傅山的草书代表作品。绢本墨迹。现藏南京博物院。刊于《中国书法全集》(六十三)、《中国书法鉴赏大辞典》(下)。

傅山(1607—1684)，字青主，别字公它，明亡后号朱衣道人、丹崖子、丹崖翁，别号还有真山、浊翁、石道人等，山西阳曲人。《清史稿》有传。

傅山博学多能，著述宏富，是明末清初非常有气节的思想家、书法家。在书学上他主张“作字先作人，人奇字自古”，强调书品与人品的统一。所以他不欣赏出身宋宗室而仕元的赵孟頫及其书法，极为推崇颜真卿这样的忠贞之士和他的书法。傅山曾因参与抗清活动而被捕，出狱后严词拒绝清廷的笼络。

傅山的书法深受颜真卿的影响，擅长楷、草、隶、篆诸体，以行草书成就最高。

《右军大醉诗轴》是傅山的自作诗，描绘的是书圣王右军(王羲之)大醉后乘兴挥毫作书的情态，形象逼真，使人诵之如临其境。以草书表现这样的诗境，可谓相得益彰。

《右军大醉诗轴》连绵流畅，如吴带当风，雄奇飘逸而任情恣肆，刚柔并济

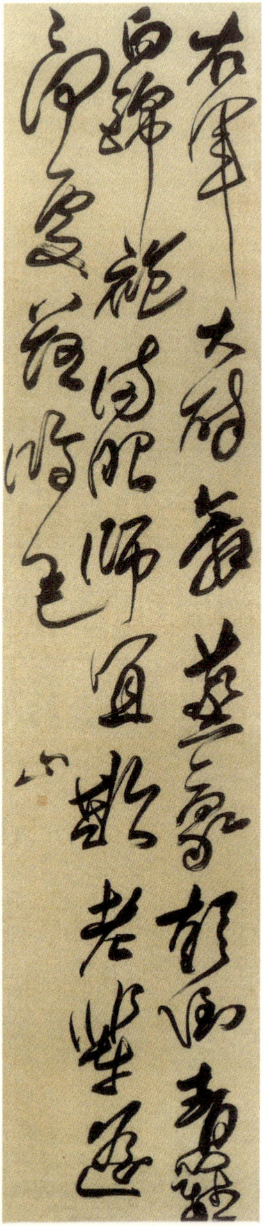

《右军大醉诗轴》

而又绵里藏针。用笔圆劲而内含生拙之气，纵横挥洒却不失法度。线条纵敛开合，飘逸有度，潇洒畅快而舒展自如。章法欹正相生，疏密自然。欣赏者从飞舞跌宕的线条中，可以真切地感受到作者丰富的情感和澎湃的创作激情，幻化出激情的草书大家任情挥洒的情景。

刘熙载“书如其人”之说与傅山“作字先作人，人奇字自古”的主张，可谓异曲同工，并且在傅山身上体现得淋漓尽致。透过《右军大醉诗轴》可以看到傅山的才情和洒脱不羁的性格，以及刚正不阿的精神。

傅山除草书外，隶书也奇古，并对书法美学追求也有独到之处，提出“宁拙毋巧，宁丑毋媚，宁支离毋轻滑，宁直率毋安排”的“四宁四毋”著名的书法美学观点。著作有《傅青主诗画题录册》、《霜红龛集》等。传世书法作品很多，除《右军大醉诗轴》外，著名的还有《行草五律诗轴》、《孟浩然诗卷》、《丹枫阁记》、《读傅镫》、《赠久了词宗轴》等。

韵味醇古　抒情写意

——郑簠隶书《浣溪纱词轴》

《浣溪纱词轴》，清著名书法家郑簠书。隶书，纸本墨迹。作于康熙戊辰（1688）年。共六行，五十八个字。现藏上海博物馆。刊于《中国书法鉴赏大辞典》（下）。

郑簠（1622—1693），字汝器，号谷口，江苏上元人。终生未仕，以行医为业。博通经史，擅长书法，尤以隶书著名，成就最高。

隶书是汉代通行的字体，它的发展成熟代表着汉代书法的主要成就，但自唐以来被逐渐冷落而发展式微。书法发展到清代，帖学走入末路，隶书和篆书得到关注而复兴，出现了不少有影响的书家，郑簠就是其中有代表性的书家之一。篆隶书的发展是构成了清代书法成就的主要因素。

郑簠的隶书学习《史晨碑》、《乙瑛碑》、《张迁碑》、《尹宙碑》、《衡方碑》、《刘熊碑》等汉碑，尤其得力于《曹全碑》。东汉成熟的隶书，结体扁平，点笔波磔分明，有蚕头燕尾，横成行、纵为列，秀丽整齐，中规中矩。而郑簠的隶书虽然取法汉碑，却有着自己独特的风貌和审美取向。他临摹时既重形体，又重性情。他的隶书点画多变，结体新异夸张，用笔纵放，流丽遒劲，韵味醇古，晚年于隶书中参入草法，于古拙中有飘逸的韵味。受到傅山、朱彝尊的推崇，

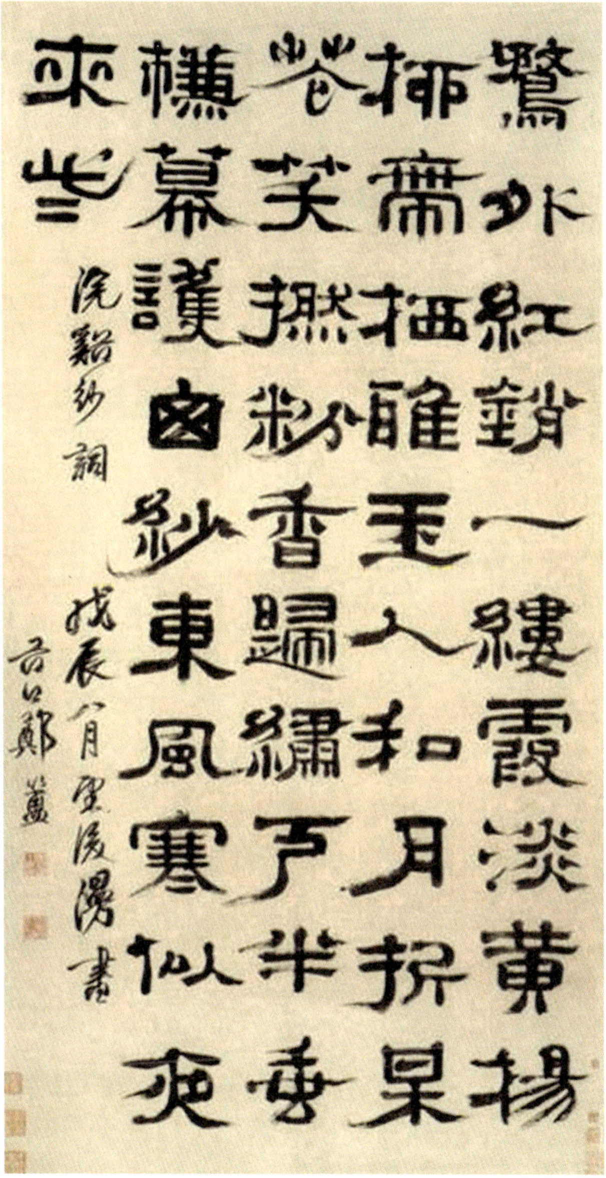

《浣溪纱词轴》

被朱彝尊称为“古今第一”。

从《浣溪纱词轴》中可以看到郑簠的隶书表现了浓郁的毛笔的“书写性”。他讲究用笔中的起落，运笔中的转折与呼应，使作品增强了写意抒情的表现性。在书写规整的隶书中创造性地加入了行草书的笔意，线条流畅而有自然率性的飘逸之美，所以被人们形象地称为“草隶”。

在郑簠生活的年代，能够看到的流传下来的隶书多为碑刻，还见不到今天大量出土的汉简，而他的隶书中已有了汉简流畅的书写性，这正是郑簠不同凡响的高明之处。《浣溪纱词轴》字大小相近，粗细、疏密却变化丰富，寓生动于规整之中；章法虽然保留了汉碑横成行的特点，却以字的大小、笔画的多少而自然错落。既保持了汉碑的特点，又具有飘逸跌宕的新意。《浣溪纱词轴》是郑簠隶书中的精品。

郑簠抒情写意的隶书和艺术思想得到后人很高的评价，清人梁巘《论书帖》中评价：“郑簠八分书学汉人，间参草法，为一时名手。”钱泳的《履园丛话》说：“谷口始学汉碑，再从朱竹垞（朱彝尊）辈讨论之，而汉隶之学复兴。”

郑簠传世墨迹很多，其中以书诗轴居多，除《浣溪纱词轴》外，著名的还有《尔雅三章》、《唐诗七绝诗卷》、《王建春闺词》、《杨巨源酬于驸马诗》、《卢仝新月诗轴》等。

空灵简静的八大山人《送李愿归盘谷序轴》

《送李愿归盘谷序轴》，是清代杰出的书画家八大山人所书的行书作品。纸本墨迹。五行，共一百二十二字。现收藏于上海博物馆。刊于《中国书法全集》（六十四）。

八大山人（1626—1705），名朱耷，八大山人是他的号，除此之外，他还曾号雪个、个山、破云樵者等。江西南昌人。明朝宗室，宁王朱权的后裔。明亡，落发为僧，后为道士。

八大山人的书法学习钟繇、王羲之、颜真卿，以及《瘞鹤铭》[1]。他的书风与他的画风一样，看似平正实为奇绝，空灵简静，超凡脱俗。

《送李愿归盘谷序》是唐代文学家韩愈写给友人李愿的一篇赠序。韩愈长期以来没有得到朝廷的重用，他在送李愿回盘谷隐居之时写下这篇文章，借此一吐胸中的不平之气，并表达了他对李愿隐居生活的羡慕。

八大山人以明宗室的身份入清，一直过着避居山林的隐居生活。他以自己简静的行书来演绎韩愈的这篇文章，可谓形式与内容和谐统一。八大山人善用秃笔，而别具一格。以篆书的笔法写行草书，线条圆润匀称，起止自然，毫无藏头护尾。创造性地将篆、隶、章草、行、楷等字体集于一篇之内，极尽变化；章法布局新颖独特，却不求变化，给人以平淡自然、静穆安详的简洁之美，构成了简洁与丰盈的和声。通篇充盈着空灵高洁之气，似不着一点人间烟尘气，而气韵高古直追魏晋。

八大山人书法成就颇高，但却为其画名所掩。当代山水画大师黄宾虹认为八大山人"书一画二"，或许有一定的道理。

八大山人书法遗墨很多，除《送李愿归盘谷序轴》外，著名的还有《程颐四箴轴》、《刘伶酒德颂赞》、《申时行百字铭》、《心经小楷札》、《欧阳修书锦堂记轴》、《张说诗》等。

注释：

①《瘗鹤铭》，摩崖刻石，魏碑楷书。相传为南朝梁陶弘景书。存九十余字。原刻在镇江焦山西麓石壁上。后遭雷击崩落长江中，南宋淳熙年间捞出一石二十余字，清康熙五十二年又捞出五石七十余字。乾隆二十二年嵌于焦山定慧寺壁间，共九十余字。《瘗鹤铭》在中国书法史上，被誉为"大字之祖"，其艺术影响力绵长悠久，远及海外。自宋代《瘗鹤铭》残石被发现以来，历代书法家均给予高度评价，对它的时代、作者、艺术性等方面的研究、探讨一直没有停止过，且至今没有定论。

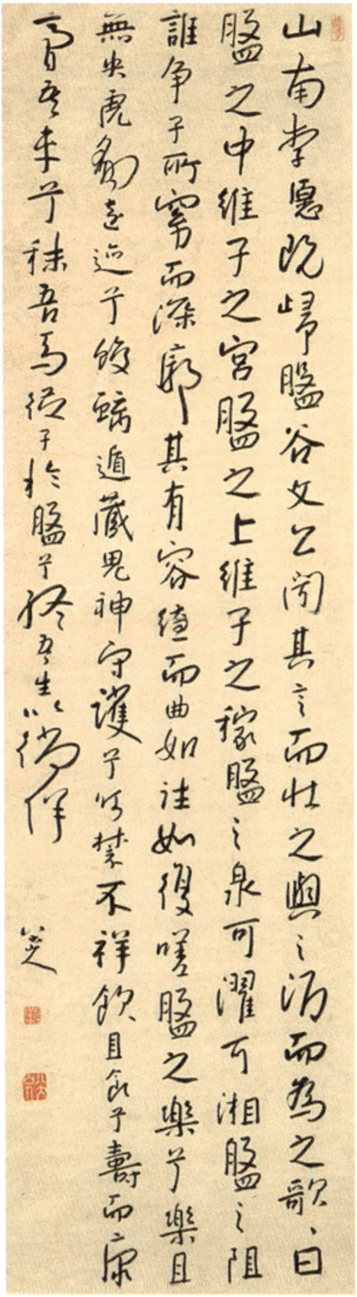

《送李愿归盘谷序轴》

金农『漆书』《相鹤经轴》

《相鹤经轴》，清著名书画家金农的“漆书”作品，纸本墨迹。六行，共七十二字。现藏北京故宫博物院。刊于《中国书法鉴赏大辞典》(下)、日本《书道全集》。

金农（1687—1763)，原名司农，字寿门，又字吉金，号冬心，别号稽留山民、曲江外史、龙梭仙客、百二砚田富翁、昔耶居士、心出家庵粥饭僧、金二十六郎等。浙江仁和(今杭州)人。

金农一生布衣，是清朝著名的书画家，“扬州八怪”①之一。一生好收藏，有金石癖。他生活在康、雍、乾三朝，不追慕当时赵孟頫、董其昌风靡书坛、科场、官场的书法，而另辟蹊径，学习汉魏碑版，以魏碑②入隶，自成一家。正如《书林藻鉴》所说：“(金农)在帖学盛行时代，能独辟蹊径，可谓豪杰之士矣。”

金农书法用笔方扁如刷，墨色浓黑如漆，故自称为“漆书”，也称“寿门书”。为方便表现所追求的笔画意趣，金农还改造了书写工具，截去毛笔的尖锋，使其成刷状。

金农一生曾多次书写《相鹤经》，其中有“漆书”，也有隶书。此件《相鹤经

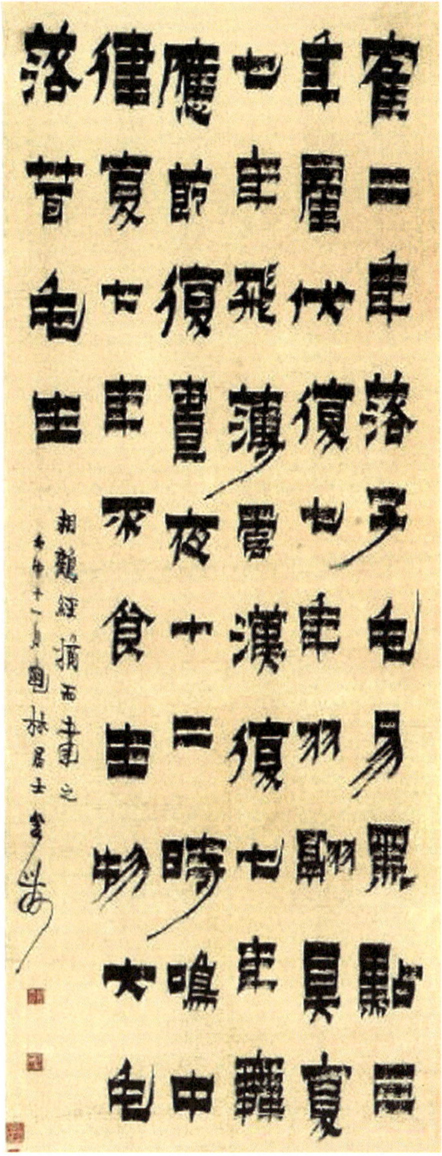

《相鹤经轴》

轴》是金农“漆书”的典型作品。笔画横向粗长，竖向细短，方正而棱角分明。笔锋在笔画起处尖尖露出，运笔全用侧锋，颠覆了传统中笔法的“中锋”、“藏锋”等“千古不易”的准则。字体长短相间，有时又别出心裁地将竖画写成斜笔，或有意加以夸张。《相鹤经轴》墨色乌黑光亮，犹如漆成，但却毫无呆板之气，反而拙中见巧，苍古奇逸，奕奕有神采。

金农传世的书法作品很多，除《相鹤经轴》外，著名的还有《赠僧影居士五言联》、《隶书七言联》、《赠怀翁先生漆书轴》、《盛仲交赞》、《华山碑札》、《题九老图轴》、《广陵旅舍之作》等。

注释：

① 扬州八怪，指中国清朝中期活跃于扬州地区的金农、黄慎、郑燮、李鱓、李方膺、汪士慎 、高翔和罗聘等画家。他们的画作冲破陈规，师造化而又表现自己的性灵和感受，有着浓郁的写意风格，笔墨淋漓而意韵生动。为“正统派”所排斥，甚至被视为左道旁门，故此，被冠之以“八怪”之称。其实，当时活跃在扬州画坛上的重要画家远不止八人，他们中的多数人都是以鬻画为生，这在当时的中国极为罕见。有人称他们为“扬州画派”或“扬州派”。

②魏碑，书法史上习惯将南北朝时期的北朝碑版称为魏碑，魏碑楷书和以后的唐楷是书法史上楷书的两大体系。南北朝时期，鲜卑部落拓跋魏建立了魏王朝，统一了北方，形成与江南宋王朝对峙之势。魏王朝称为北魏，也称后魏。北方书法中最具代表性的是北魏碑版——魏碑，包括碑刻、摩崖、造像记、墓志等。魏碑从审美上与南方的简札书法的典雅秀美，构成了南北朝时期书法艺术的两大派别。魏碑总体来说雄强峻拔，气象浑穆，质朴厚重。用

笔提按幅度大，大起大落；因为石刻的缘故，线条出锋露角，内圆外方；结字自然而有天趣，奇险放纵。但碑刻不同其个性特征也不尽相同，可以说是丰富多彩。

意趣横生的金农
行书《华山碑札》

《华山碑札》，清代金农书。行书，纸本墨迹。十行，共一百零一字。现藏日本东京国立博物馆。刊于《中国书法》(一九八七年第四期)、《中国书法全集》(六十五)、日本《中国明清书道图说》。

《华山碑札》是金农写给友人的一封书信，是他晚年的作品，也是他行书作品中的精品。金农的“漆书”是他的书法中最有特色而为后人称道的，但其融碑与“漆书”的笔法而写成的行草书，则是他书法中最为动人的了。

《华山碑札》用笔率真，随心所欲；点画狼藉，笔墨醇厚；墨色浓淡枯湿，一任自然。章法错落有致，行书中间杂着连绵的草书，以及隶书的捺脚，使活泼俏皮之气顿生。字势的左高右低的隶书遗韵，笔画的左让右揖，带来内敛而拙朴的意韵。

《华山碑札》看似乱头粗服，其实他的美全在凝眸细品之间，正如清人江湜《跋金冬心随笔》中的评论：“先生书，淳古方整，从汉分隶中来，溢而为行草，如老树著花，姿媚横出。”《华山碑札》的拙朴异趣更令今天崇尚写意和表现精神的人所喜爱。

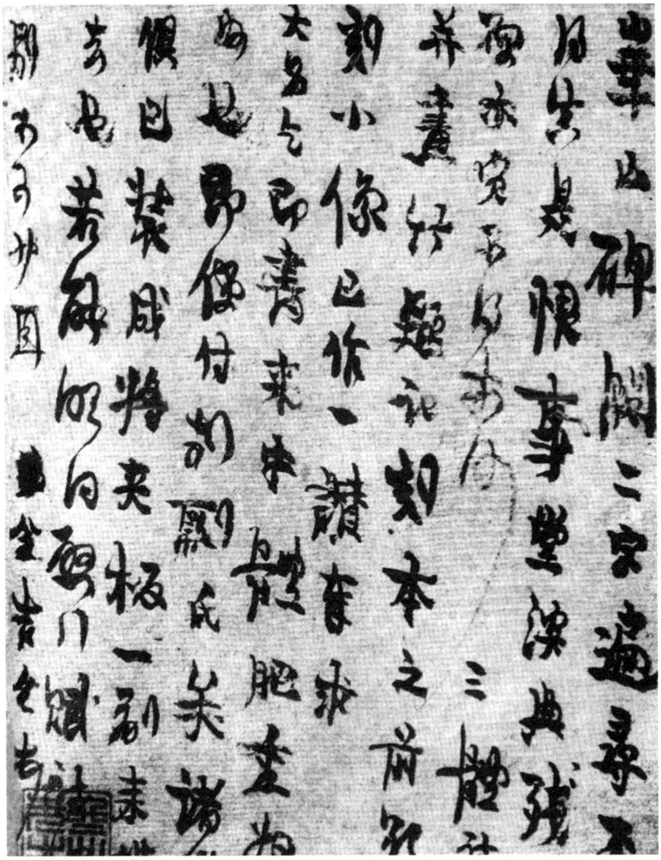

《华山碑札》

楷隶参半的郑板桥六分半书《节录怀素〈自叙〉轴》

《节录怀素〈自叙〉轴》，清代郑板桥书。行书，六行，共七十字。现收藏于辽宁省博物馆。刊于《中国书法全集》（六十五）。

郑板桥（1693—1765），字克柔，名郑燮，板桥是他的号，江苏兴化人。乾隆元年进士，曾任山东范县、潍县县令，后因请赈而忤上被罢官。晚年客居扬州，以卖书画为生。

郑板桥有诗、书、画三绝之称，为“扬州八怪”之一。所绘兰竹风骨清劲，于书法创造了楷隶参半的字体，自称“六分半书”，世称“板桥体”。郑板桥同金农一样，也是一位不随书坛时流的书法家，深入碑版而另辟蹊径。所以徐悲鸿先生由衷地称赞：“板桥先生为中国近代三百年来最卓绝的人物之一，其书奇，文奇，思想尤奇。”（题郑板桥《兰竹图》）

《节录怀素〈自叙〉轴》是郑板桥楷隶参半的“板桥体”中的精品。爽朗挺拔，奇趣横生，特点突出，风格鲜明。结体多呈扁形，常以捺角出锋。运笔劲健，转折善用顿笔。打破传统章法上的行间布白，字的大小欹侧，笔画轻重粗细，正斜错落，随意布局，时出常理之外，极尽夸张之能事。又别出心裁地将楷草隶篆各体杂糅一字之内或一幅之内。为了增强书法的形式美感，又常常运用生

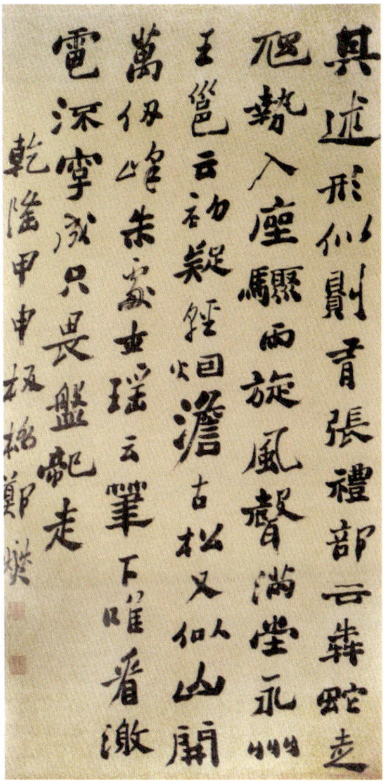

《节录怀素〈自叙〉轴》

僻的异体字，使作品充溢着活泼之气，奇趣盎然。

《节录怀素〈自叙〉轴》看似随意自然，其实都是作者经心的构造，有着绘画的构图意识。这大概就是画家与书法家对于谋篇布局理解的不同之处吧。

郑板桥楷隶参半的“六分半书”对后世影响很大。不过，学习者若没有深厚的书法功底，而简单盲目地追随之，往往会走入狂怪之途。

郑板桥传世的书法作品很多，除《节录怀素〈自叙〉轴》外，著名的还有《论书轴》、《判词册》、《土维和贾舍人早期大明宫诗轴》、《论书轴》等，以及一些题画诗、对联等。

“浓墨宰相”刘墉的小楷《苏轼秋阳赋》

《苏轼秋阳赋》，清著名书法家刘墉书。小楷，纸本墨迹。现藏于北京故宫博物院。刊于《中国书法鉴赏大辞典》（下）、日本《书道全集》。

刘墉（1719—1804），字崇如，号石庵、青原、香岩、日观峰道人。山东诸城人。累官至吏部尚书、体仁阁大学士，加封太子太保，谥文清。《清史稿》有传。

刘墉以书法著称于当世，尤以小楷成就最高。他的书法浑厚古拙，用墨稠厚，光亮如漆，有“浓墨宰相”之称。

刘墉的书法初学元代赵孟頫，而上追魏，学习钟繇，再兼习颜真卿、苏轼及各家法帖，而形成自己的风格。他的书法有“黄钟大吕”之称，与同时期的师法金石碑版的翁方纲、古朴多姿的成亲王，以及铁保合称“翁、刘、成、铁”四家。前人以“貌丰骨劲”，“如绵裹铁”，结字“打迭点画，放宽一角”来形容和分析他的书法。清康有为《广艺舟双楫》认为，清朝书法有四家是集大成者而可以成为楷模的，其中集帖学之成者，就是刘墉。

《苏轼秋阳赋》貌丰骨劲，神气内敛，虽然为小楷，却有着沉雄浑厚之美。用墨浓重，丰润饱满。结体趋扁而沉稳拙朴。用笔多藏锋、回锋而使点画厚

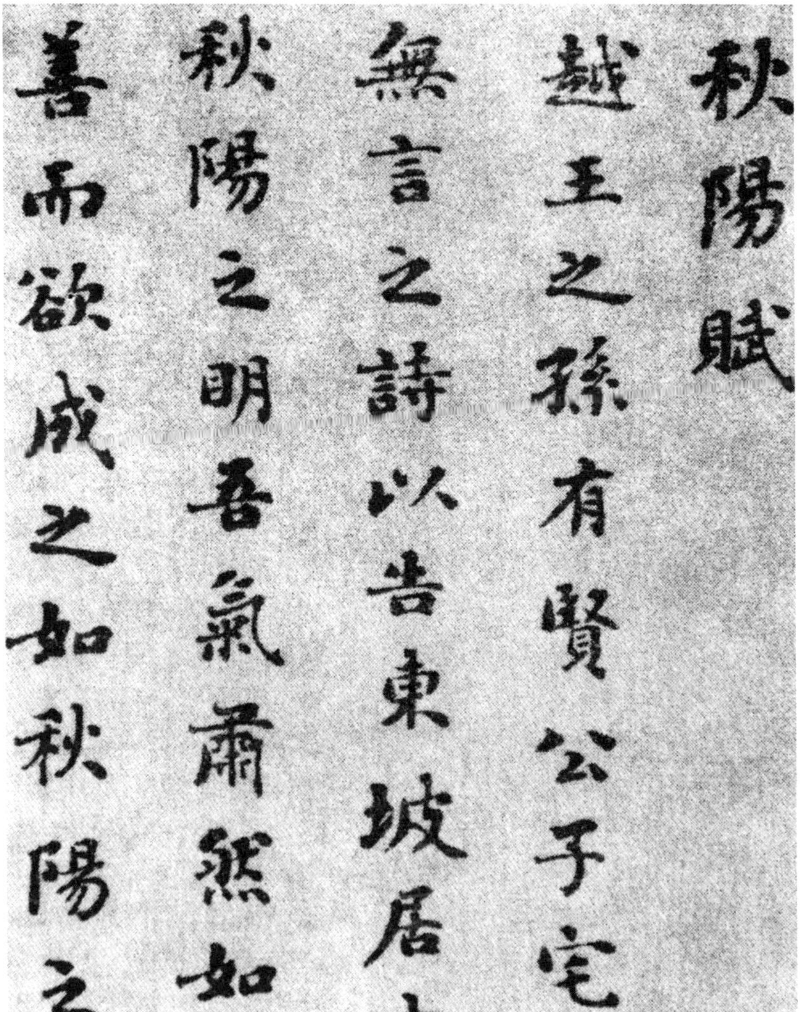

《苏轼秋阳赋》

实沉稳。表面肉丰骨健而内含刚劲，笔力雄健而别有意趣。

刘墉书法得到后世书家的肯定和好评，但也有人以他喜用浓墨质疑他的书法因此失润泽而少韵，有“墨猪”之喻。这或许正是刘墉的书法不同于他人的独特之处，正如清人张维屏所言：“王（文治）[1]犹依傍古人，而刘则厚而能脱，入乎古人而出乎古人。”（《松轩随笔》）

刘墉书法传世作品很多，除《苏轼秋阳赋》外，著名的还有行草书《何中早起诗轴》、《赠鹭塘七言联》、《节书苏轼远景楼记轴》等，行书《临米芾诗帖》、《李白诗二首》等，小楷《小楷册》等。

注释：

①王文治，乾隆十三年探花，清代著名书法家。字禹卿，号梦楼，江苏丹徒（今江苏省镇江市）人。十二岁便吟诗作书，诗有唐人风范，书法学习米芾、董其昌，后又师法二王，得力于李邕，他的书法得董其昌神髓。因其喜用淡墨，故有“淡墨探花”之称。评论者常将他与刘墉相提并论。

苍古奇伟　雅健妙丽

——邓石如小篆《庾信四赞屏》

《庾信四赞屏》，清代杰出的书法篆刻家邓石如书。小篆，冷金笺。内容为赞文四则，每则五行，共一百六十六字。现收藏于上海博物馆。刊于《中国书法鉴赏大辞典》（下）、《中国书法全集》（六十七）、日本《中国明清书法名品图册》。

邓石如（1743—1805），初名琰，字石如，因避嘉庆帝颙琰名讳，改字行，更字顽伯，因居皖公山下，又号完白山人，又有完白、古浣子、笈游道人、凤水渔长、龙山樵长等别号。安徽怀宁（今安徽安庆）人。终生布衣。《清史稿》有传。

邓石如是乾隆、嘉庆时期大倡碑学的第一人，集书法、篆刻于一身，是真草隶篆四体皆备的大书法家，以篆隶成就最高。邓石如书法苍劲庄严，流利清新。篆书吸收了李阳冰、李斯[①]及汉碑篆额、砖瓦款识的笔意而自成风格。邓石如的隶书“平和简敖，遒丽天成”（包世臣《艺舟双楫》），得力于汉《曹全碑》、《史晨碑》、《衡方碑》、《夏承碑》以及隋墓志《张俭》等，又融入篆书、草书笔意，圆融率意有新境界。楷书学习北碑，参以篆隶笔法。行草书也以篆隶笔法兼帖之风韵，独具风貌。篆刻以“印从书出”，于“浙派”、“徽派”之外，又创

《庚信四赞屏》

立"邓派"，又称"皖派"，对后代篆刻影响很大。

篆隶书的发展是构成清代书艺成就的主要原因，邓石如在篆隶书上的成就奠定了清代篆隶书和碑学发展的基础，可以说开启了清代碑学盛行之门，对书法的发展有着卓著的贡献。

《庾信四赞屏》是邓石如篆书中的精品。在中规中矩的小篆中融入了汉碑篆额、砖瓦款识的笔意，一改小篆的圆融对称，而为宽博势方，劲健古雅，生动活泼。用笔中锋直落，如"锥划沙"，沉雄朴厚又挥运自如。体现了邓石如篆书"茂密浑劲，苍古奇伟，雅健妙丽"的风格特征。

邓石如传世书迹很多，除《庾信四赞屏》外，著名的还有《游五园诗》、《篆书诗轴》、《篆书中堂》、《阴符经大篆屏》、《隶书七言联》、《隶书节录文心雕龙》、《陈寄鹤书》等。传世的篆刻作品也很多，有《完白山人篆刻偶存》等。

注释：

①李斯，中国历史上著名的政治家、文学家和书法家。协助秦始皇统一天下，后为秦朝丞相，参与制定法律，统一车轨、文字、度量衡等制度。秦始皇死后与赵高立少子胡亥为二世皇帝，为赵高所忌，腰斩于市。著有《仓颉篇》七章，相传《泰山刻石》、《琅琊台刻石》等为李斯所书。

李阳冰，生卒年不详。字少温，赵郡（今河北赵县）人。因官至将作少监，人称"李少监"。唐代书法家，擅长篆书，醉心小篆三十年之久。颜真卿所书之碑，多请李阳冰篆碑额。宋《宣和书谱》中说："有唐三百年以篆称者，惟李阳冰独步。"

高古博大　笔圆体方

——伊秉绶《隶书五言联》

《隶书五言联》，为清代著名书法家伊秉绶隶书中的精品。纸本墨迹。现藏首都博物馆。刊于《中国书法鉴赏大辞典》（下）、日本《中国古代书法图目》。

伊秉绶（1754—1815），字组似，号墨卿、默庵，福建汀州宁化（今属福建省三明市）人。官至扬州知府，以廉吏善政著称。《清史稿》有传。

伊秉绶在书法、绘画、诗文、篆刻上都有很高的造诣。他的书法直追秦汉，尤以隶书成就最大。与邓石如并称，有“南伊北邓”之说。

伊秉绶的隶书一改汉隶的结体扁平，点笔波磔分明，蚕头燕尾而为体方笔圆，又融入篆书的笔意，笔画匀称，寓巧于拙，而别有意趣。伊秉绶在书法史上是师古开新的书法家，除隶书的创新之外，又在楷书中参入隶书的笔法，而达和谐境地，形成自己独特的风貌，有独特的审美价值。清康有为《广艺舟双楫》认为，清朝书法有四家是集大成而可以成为楷模的，其中集八分书之成者，就是伊秉绶。

《隶书五言联》体现了伊秉绶隶书的特点：既端庄典雅，又高古博大；既体方笔圆，又瘦劲古朴，寓巧于拙。中锋行笔，藏头护尾，没有隶书的波挑和明显的燕尾；笔画粗细大致匀称，有篆书的笔意。用墨浓丽，墨色圆润，乌亮如

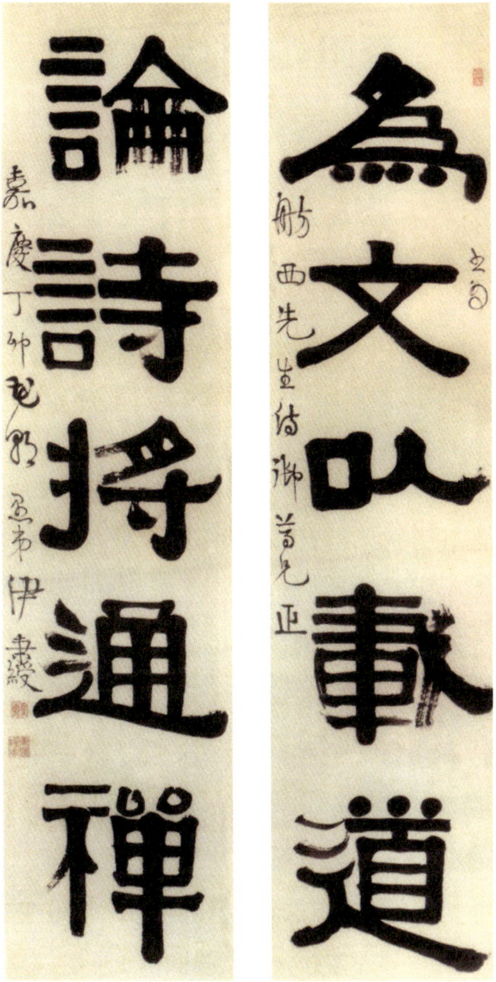

《隶书五言联》

漆。通篇壮伟厚重，拙趣盎然。

伊秉绶传世作品很多，除《隶书五言联》外，著名的还有《自书诗册》、《节临汉衡方碑》、《晋书刘毅传句轴》、《蔷薇花诗》等。

飘逸俊朗的吴熙载《赠甭墅大兄书伯五言联》

《赠甭墅大兄书伯五言联》，清代著名书法篆刻家吴熙载书。篆书对联，纸本墨迹。刊于《中国书法鉴赏大辞典》(下)、日本《中国古代书法图目》。

吴熙载(1799—1870)，原名廷飏，字熙载，因避同治皇帝载淳的名讳，更字让之，亦作攘之，别号让翁、晚学居士、方竹丈人。江苏仪征人。

吴熙载博学多能，精于金石考证，擅长书法、篆刻，尤精于篆隶。他的篆书近学邓石如，远学秦汉，笔画圆匀工稳，有飘逸之姿。

吴熙载继承邓石如篆法，却比邓石如的篆书更妍美飘逸，线条变化更多，笔法也更丰富。《赠甭墅大兄书伯五言联》墨色圆润，结体以长势取姿，体态轻盈而又飘逸俊朗。用笔一反小篆传统的藏锋圆笔，而以方笔入纸，出自《天发神谶碑》[1]。起笔处以平头落笔，行笔饱满劲挺，至笔画末端而锐笔出锋，而笔锋常偏于笔画的一侧，而又以下垂的笔画最为明显。线条流畅而有轻灵之感，折笔方峻严整而无造作之态。

吴熙载借鉴汉魏碑版，又能充分发挥毛笔的书写性，既表现了金石刀刻的爽利劲健，又不失毛笔书写的自然流畅之柔美，是值得后世书家学习和借鉴的。

《赠喬墅大兄书伯五言联》

吴熙载传世的作品很多，除《赠鬲墅大兄书伯五言联》外，著名的还有《临汉成阳灵台碑轴》、《赠鹤侪大公祖大人联》等。书法之外，还有篆刻作品传世。

注释：

①《天发神谶碑》，又称《天灵纪功颂》、《纪功颂》、《吴孙皓纪功碑》。传为三国时期吴国书法家皇象所书。篆书。宋时断为三段，清毁于火。似篆似隶，结体在篆隶之间。用笔生涩，笔力强悍，点画形状独特。线条方折与圆转杂糅，起笔方正与收笔悬针统一于一体，奇特而有生趣。

奇绝纵横　温润敦厚

——何绍基行书《春来诗轴》

《春来诗轴》，清著名书法家何绍基书。行书，纸本墨迹，五言律诗一首。现藏于首都博物馆。刊于《中国书法全集》（七十）。

何绍基（1799—1873），字子贞，号东洲，又号猨叟，别号东州居士。湖南道州（今湖南道县）人，世称“何道州”。官至国史馆协修，历福建、贵州、四川学政。晚年在湖南讲学，主持扬州书局，校定《十三经注疏》。《清史稿》有传。

何绍基是清代道光年间学习北碑、颜真卿书法，有深厚功底而富于创造性的书法家。早年书法多为楷书，中年以后多为行草。何绍基学习书法勤奋用功，临习汉碑从不死临，而是各有所取，擅长楷书、行书、草书、隶书、篆书诸体，尤以行书成就最高。

《春来诗轴》是何绍基行书作品中的代表作之一。根植于颜真卿，而吸收篆隶草书笔意，宽博大度，温润敦厚，恣肆中透出逸气。用墨浓郁，线条流畅。章法虽然取纵势，但字距有如杨凝式《韭花帖》的散朗宽疏，又与字体的宽博敦厚相得益彰，偶有的映带又平添些许的灵动之感。通篇奇绝纵横，浑圆敦厚，有古拙之气和沉雄之美，而以趣味胜。正如清人徐珂《清稗类钞》中分析的：“其书沉雄而峭拔，行体尤于恣肆中见逸气。往往一行之中，忽儿似壮士斗士，筋

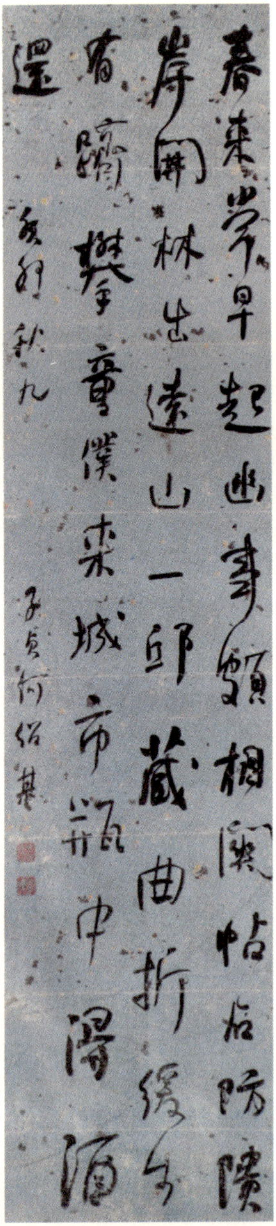

《春来诗轴》

骨涌现;忽又如衔环勒马，意态超然。非精究四体、熟谙八法，无以领其妙也。”

何绍基的楷书骨劲力厚，端庄遒丽；隶书变化多端，灵动多姿。是晚清书坛最有影响的书法家之一，有人称赞他的书法是“有清二百年以来第一人”。

除书法之外，何绍基还著述立说，著作颇丰，有《惜道味斋经说》、《说文段注驳正》、《东洲草堂诗钞》、《东洲草堂文钞》、《东洲草堂金石跋》等。

何绍基传世墨迹很多，除《春来诗轴》外，还有《致雨铃诗册》、《赠竹岩行书七言联》、《为秋粟书雪堂·独游》、《书山谷题跋》、《苏轼留别黄州雪堂词》等。

气韵流宕　奇崛俊朗

——赵之谦《为季闻行楷册》

《为季闻行楷册》，清代杰出的书画篆刻家赵之谦书。行楷，纸本墨迹。正文二千二百一十八字，款五十七字。现藏日本东京鹭田庵。刊于《中国书法全集》（七十一）。

赵之谦（1829—1884），初字益甫，号冷君。后更字叔，号悲庵，别号梅盦、憨寮、子欠、铁三、无闷等，斋室名有二金蝶堂、苦兼室等。浙江绍兴人。晚清著名的金石书画家，于诗文、绘画、书法、篆刻、碑版考证等都有很高的造诣。

赵之谦书法早年学习颜真卿，后受包世臣碑学理论的影响，改学北碑，又跟随邓石如学习篆书和隶书。赵之谦是一个富有创新意识的艺术家，在隶书中用篆书笔意，在楷书中用篆隶笔意，又以魏碑笔意融入行草书。可以说，赵之谦的书法开创了碑派中秀雅灵媚的审美风格。

《为季闻行楷册》十二册，二十四页，是赵之谦与友人唱和或有感而发所作的诗，共计二十二首，均收入《悲盦居士诗剩》。这件行楷册页，带有明显的北魏造像[①]的意趣。用笔中以方笔侧锋居多，线条棱角分明。结字横扁，体势沉稳。行书笔意的参入，使北魏造像原本硬朗的体势中透出轻灵的笔致。通篇

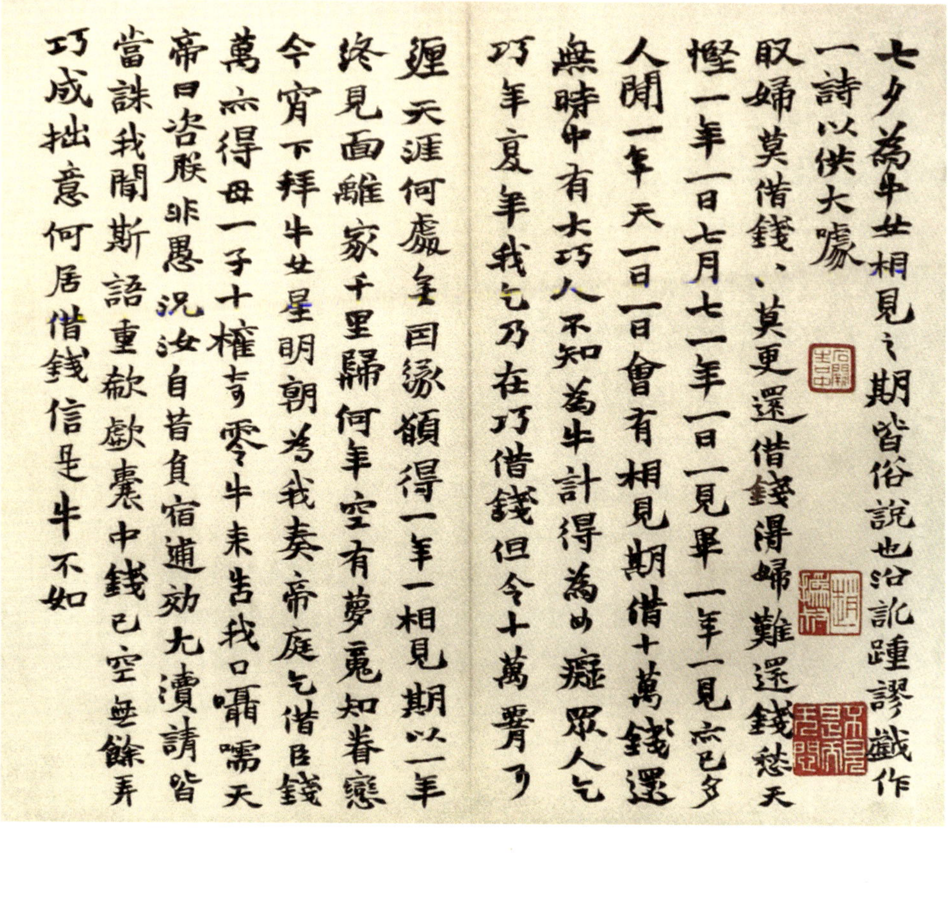

七夕為牛女相見之期皆俗說也沿訛踵謬戲作
一詩以供大噱
取婦莫借錢、莫更還借錢得婦難還錢愁天
慳一年一日七月七一年一日一見畢一年一見亦已多
人間一年天一日一日會有相見期借十萬錢還
無時中有大巧人不知為牛計得為女癡眾人乞
巧年復年我乞乃在巧借錢但令十萬胥了
遲天涯何處逢因緣頷得一年一相見期以一年
終見面離家千里歸何年空有夢魂知眷戀
今宵下拜牛女星明朝為我奏帝庭乞借臣錢
萬亦得母一子十權其零牛來告我口囁嚅天
帝曰咨朕非愚況汝自昔負宿逋劾尤瀆請皆
當誅我聞斯語重欷歔囊中錢已空無餘弄
巧成拙意何居借錢信是牛不如

《为季闻行楷册》

墨色浓丽，笔力坚实，气韵流荡，仪态万方，有奇崛之气。

赵之谦诗、书、画、印造诣深厚，篆、隶、楷、行、草诸体兼能，是一个学识渊博、才华横溢的艺术家。除书法外，他的篆刻意境清新，章法丰富，并开创了阳文边款。将诗、书、画、印有机地结合在一起，在清末艺坛上影响很大。

赵之谦书画作品传世很多，后人编辑出版的书画册、篆刻集多种，著有《悲盦居士文》、《悲盦居士诗剩》、《补寰宇访碑录》、《六朝别字》，印谱《二金蝶堂印谱》，西泠印社集有《悲盦剩墨》十卷。

注释：

①北魏造像，魏碑楷书中的一种。集中在河南洛阳南十公里，伊水两岸的龙门石窟。从北魏孝文帝开始营造，历经东魏、西魏、北齐、北周、隋等，直到唐中叶，规模不断扩大。窟内窟外建造了大小佛龛造像多不胜数，记载造像的铭文据说能够识别的达三千种以上。其中有代表性的造像铭《龙门二十品》是北魏书法中的明珠，有《牛橛造像》、《一弗造像》、《始平公造像》、《元祥造像》、《解伯达造像》、《魏灵藏造像》等。用笔硬朗，多为方笔；结构自然，线条劲健，整体有生拙活泼之气。

雄浑苍劲的康有为行书《淡泊明志轴》

《淡泊明志轴》，为近现代书法家康有为书。行书，纸本墨迹。现收藏于荣宝斋。刊于《中国书法全集》（七十八）。

康有为（1858—1927），原名祖诒，字广夏，号长素，又号更生，广东南海（今广东广州）人，人称“康南海”。是我国近代史上资产阶级改良主义的领袖，先后七次上书，要求变法维新，后来成为保皇派的首领。著名书法家、书法理论家。《清史稿》有传。

康有为书法学习北碑，尤其是《石门铭》、《云峰石刻》[①]等，将魏碑的用笔、体势杂糅于行书之中，形成苍劲拙朴、浑厚奇宕的风格。《淡泊明志轴》用笔老辣生涩，墨色焦枯，雄浑苍劲，一气呵成。但章法结构上略显平淡，缺少变化。

康有为传世的墨迹作品很多，除书法创作外，他还从事书学理论研究，直接继承包世臣[②]，将书学专著命名为《广艺舟双楫》。

《广艺舟双楫》是研究碑学的系统著作，是在金石学新研究成果的基础上，从书体衍变、书法流派以及书法的技巧问题，如执笔、运笔，并结合学书经验等的论述中，力倡碑学，继承和发展了阮元、包世臣以来的碑学理论，是晚清

《淡泊明志轴》

碑学发展的总结。最可贵的是，他匡正了阮元理论上南北书派论的贻误，指出书法可以分派，但南北不可分派。康有为在碑学理论上的突出贡献，在当时影响很大，《广艺舟双楫》多次翻印，流传很广，影响至日本。应该指出的是《广艺舟双楫》中的“卑唐”之论，以及在品评书法家的书风时，有不顾事实的过激之处。

康有为的著作还有《新学伪经考》、《孔子改制考》、《大同书》、《康南海先生诗集》等。

注释：

①《石门铭》，摩崖刻石，魏碑楷书。北魏永平二年刻。王远书。位于陕西汉中石门东壁。现存汉中博物馆。字参差无行列，天真烂漫，有超逸之美。康有为《广艺舟双楫》中将其列为神品。

《云峰石刻》，摩崖刻石，魏碑楷书。郑道昭书。有四种：《中明坛题字》、《游槃之山题字》、《白云堂题字》、《云峰之山题字》。位于山东掖县云峰山。用笔方圆结合，遒劲奇伟，开张有度，有大方之气。

②包世臣，字慎伯，号倦翁、小倦游阁外史，安徽泾县人。泾县古名安吴，人多称其为“包安吴”。清代书法家，师承邓石如。初学唐宋，后师法北碑，晚年学二王，用笔以侧锋取势。他提倡北碑，开辟书法的新途径。对咸丰、同治年间的书风颇有影响。著有书论集《艺舟双楫》，因包括作文、作书，故名之曰《艺舟双楫》，前半论文，后半论书。

遒劲凝练　朴茂雄健

——吴昌硕《临石鼓文轴》

《临石鼓文[1]轴》，近现代书画大家吴昌硕书。篆书。现藏浙江省博物馆。刊于《中国书法全集》(七十七)。

吴昌硕(1844—1927)，初名剑侯、俊，又名俊卿，中年以后更字昌硕，又署仓石、苍石，号缶庐、缶翁、缶道人、老缶、苦铁、破荷、大聋、酸寒尉、芜菁亭长等。浙江安吉人。近现代杰出的书画家、篆刻家，对近世书坛有重大的影响。

吴昌硕的书法遒劲凝练，朴茂雄健。他的篆书学习石鼓文，融入两周金文及秦刻石的体势笔意，凝练遒劲，恣肆拙朴，磅礴大气，有浓郁的金石味。他以篆隶笔法写草书，笔势奔放，苍劲雄厚。篆刻“以刀如笔任曲屈”，以体现书写的笔意，是“西泠印社”的第一任社长。

石鼓文，也称“猎碣”、“岐阳石鼓”、“陈仓十碣”，属于大篆文字，朴茂自然，含蓄蕴藉。结体方正匀称，舒展大方；线条饱满圆润，笔意浓厚；章法齐整，笔势圆浑。吴昌硕《临石鼓文轴》，不是亦步亦趋地摹写，而是创造性地意临。[2]首先，字的结构以势取形，上下左右全依字形取势，自然舒展而有意趣；其次，章法上变横有列竖有行的齐整而为上下紧密、参差错落，

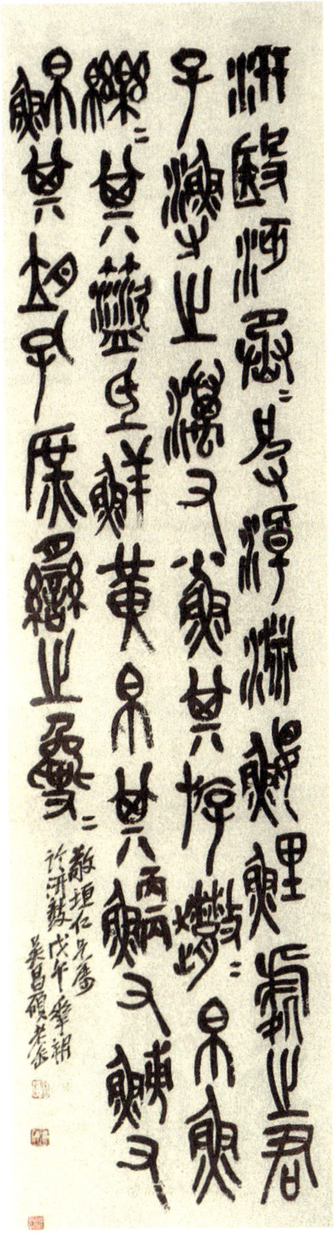

《临石鼓文轴》

与字形的参差错落相呼应。用笔遒劲，气势开张；线条流畅而有写意性。由吴昌硕《临石鼓文轴》可以看到意临本身就是一种创作。

吴昌硕传世的书画篆刻作品很多。除《临石鼓文轴》外，还有许多集石鼓文联、篆书轴、自书诗卷、诗稿、题画诗等，以及手札书信等等。著作有《吴昌硕画集》、《吴昌硕作品集》、《苦铁碎金》、《缶庐近墨》、《吴苍石印谱》、《缶庐印存》、《缶庐集》等。

注释：

①石鼓文，我国发现的最早的刻石，被称为“石刻之祖”。石鼓文刻于十座花岗岩石上，因其外形似鼓，所以得名。是唐代时在陕西凤翔发现的。“石鼓文”受到历代书家的赞赏，对后世书坛影响很大，清代书法家杨沂孙、吴昌硕都得力于“石鼓文”。“石鼓文”自唐代发现后，为历代书家所喜爱，唐代文学家韩愈，宋代文学家、书法家苏轼都曾赋诗《石鼓歌》来赞颂它。石鼓文的年代，历来众说不一。根据近年的研究，比较一致的看法，认为是东周时期的秦国。

②意临，是学习书法的临帖方法之一。临帖是对照原帖直接临写在纸上，分为对临、背临和意临。对临，也称“实临”，是按照帖上的书法、用笔、结构和章法，如实地写在纸上。背临是在实临的基础上，进行默写。而意临是在对临和背临的基础上，加入自己的理解和追求，以求神似。

图书在版编目（CIP）数据

五分钟读懂一幅书法作品 / 王文英编著. — 北京 :文化艺术出版社, 2010.12
ISBN 978-7-5039-4891-6
Ⅰ. ①5… Ⅱ. ①王… Ⅲ. ①汉字 - 书法 - 通俗读物 Ⅳ. ①J292.1-49

中国版本图书馆CIP数据核字(2010)第251423号

五分钟读懂一幅书法作品

著　　者　王文英
责任编辑　董　耘 / 张　莉
装帧设计　杨林青 / 姚雪媛
出版发行　文化艺術出版社
地　　址　北京市东城区东四八条52号　100700
网　　址　www.whyscbs.com
电子邮箱　whysbooks@263.net
电　　话　（010）64813345 64813346 （总编室）
　　　　　（010）64813384 64813385 （发行部）
经　　销　新华书店
印　　刷　北京图文天地制版印刷有限公司
版　　次　2011年1月第1版
印　　次　2011年1月第1次印刷
开　　本　720 × 1000mm　1/16
印　　张　12.25
字　　数　180千字
书　　号　ISBN　978-7-5039-4891-6
定　　价　38.80 元